Y TÚ,
¿QUÉ PIENSAS
DE LA MUERTE?

Traducción ampliada del libro
"DE LA MORT, QUÈ EN PENSES?"
Palma: Lleonard Muntaner, Editor, 2023

© Editorial Perpetuo Socorro
Covarrubias, 19 - 28010 Madrid
Tfno.: 91 44 55 126
www.pseditorial.com
administracion@pseditorial.com

ISBN: 978-84-284-0875-2
Depósito Legal: M-24397-2025
Imprime: Egersis

Y TÚ,
¿QUÉ PIENSAS
DE LA MUERTE?

Pere Ribot Mestre

✳ Editorial Perpetuo Socorro

ÍNDICE

Presentación

Este libro fue escrito originalmente en catalán, para la colección *Tornaveu*, a petición de mi buen amigo Mossèn Gabriel Amengual, canónigo de la Catedral de Mallorca, con el propósito de reflexionar sobre el tema de la muerte. El texto apareció por primera vez bajo el título *"De la mort, què en penses?" (Palma: Lleonard Muntaner, Editor, 2023)*.

Sin embargo, tras su publicación, muchos lectores mostraron interés en disponer de una versión en castellano. Atendiendo a esa demanda, y para celebrar el VIII centenario de la muerte de San Francisco, presento ahora esta edición, revisada y ampliada.

La muerte está ahí, forma parte de nuestra vida y pienso que es una de las realidades tapadas o no bien encajadas en nuestra sociedad. Da la impresión de que la cultura actual trata de ocultarla y sacarla del ámbito del día a día.

Deseo que estas páginas inviten, en primer lugar, a pensar y reflexionar sobre la realidad de nuestra finitud. Que, ante la certeza de que estamos de paso, podamos hacernos la pregunta:

¿Qué pienso acerca de la muerte? Y en segundo lugar, considerando que la fe cristiana tiene algo que decir en un diálogo sincero, respetuoso y abierto con la cultura actual sobre la muerte y el morir, preguntarnos si la fe en Jesucristo nos ayuda a ver la muerte como la puerta que se abre hacia el más allá.

Espero que estas páginas lleven a una reflexión y meditación profunda y serena, abierta e inteligente, que ayuden a vivir, personalmente o acompañando a otros, la última etapa de la vida de una manera más humana y con actitudes que faciliten vivir los últimos momentos con serenidad, profundidad y sentido.

Lo deseo de todo corazón.

Introducción

Ante la muerte existen diversidad de reacciones, tanto por parte de la sociedad, como por parte de la familia y del enfermo.

A medida que envejecemos, tomamos conciencia de nuestra vulnerabilidad y de la finitud de la vida. Como dice el antiguo proverbio: "los vivos cierran los ojos a los muertos, y los muertos abren los ojos a los vivos". Frente a la proximidad de la muerte, especialmente cuando se trata de una persona amada, no siempre sabemos cómo acompañar con sensibilidad durante la enfermedad ni adoptar las actitudes más apropiadas.

En esos momentos, surgen dudas, miedos y preguntas profundas. Incluso nos preguntamos si la muerte física es el fin de nuestra existencia.

La necesidad de elaborar el duelo nos lleva, casi instintivamente, a organizar rituales que nos permitan despedirnos del difunto, encontrar consuelo y afrontar la pérdida. Porque aunque la persona muere individualmente, la muerte es también una experiencia colectiva que impacta al entorno más cercano.

Desde tiempos antiguos, la mitología ha intentado dar sentido a esta realidad. Se decía que cuando los dioses visitaban a los hombres, recompensaban su hospitalidad otorgándoles el don de la inmortalidad. A través de estos relatos, los mitos expresan el anhelo más profundo de la humanidad: trascender la muerte y encontrar algún tipo de permanencia más allá de lo efímero.

A lo largo de estas páginas, no pretendo realizar una exposición filosófica sobre la muerte, ni tratar casos éticos. Más bien, desde mi pequeñez compartiré reflexiones personales, partiendo siempre de mi propia experiencia meditada y reflexionada. Por tanto, me serviré de recuerdos y de situaciones vividas, que por supuesto serán narrados de modo que no se puedan identificar, y expondré lo que he aprendido de cada uno de ellos o las preguntas que me han generado.

Como franciscano, acabaré reflexionando y exponiendo cómo San Francisco sintió la muerte hermana, una hermana que le visitaba para acompañarle hacia la plenitud que siempre había anhelado: encontrarse con Dios.

VIVIENDO EN PUEBLOS LEJANOS

En esta primera parte iré narrando y reflexionando distintas experiencias sobre la muerte y el morir que personalmente viví en otros países, lejos de mi tierra.

TIENE QUE HABER UN MÁS ALLÁ

Acababa de llegar a trabajar en pueblos lejanos de los Andes Peruanos, en el Departamento de la Libertad. No había carreteras; teníamos que trasladarnos a caballo, mula o caminando. El primer servicio que me pidieron fue acompañar a un padre apenado, que había llegado a la misión para pedir que fuese a orar por su hijita de doce años, que estaba muy enferma.

Los dos partimos caminando montaña arriba hasta que llegamos a su casa, casa de barro y paja, habitación única. Y justo en el portal, aprovechando el calor del sol, tumbada en una estera, estaba Gladys; no hablaba, miraba con los ojos muy abiertos y dibujaba una sonrisa en sus labios.

Dentro de mí sentía una mezcla de impotencia y tristeza. No era justo lo que estaba viviendo. Una muñeca de doce años a punto de cerrar los ojos para siempre y que no había vivido más que la enfermedad y la pobreza de no tener nada. Me sostenía la fe de sus padres, y la mirada y la sonrisa de Gladys.

Rogamos, y a la hora de darle la Unción de Enfermos mis manos se resistían. Sentía la injusticia de tener que despedir a aquella niña que apenas había vivido. Y me decía a mí mismo: *"Tiene que haber un más allá, es de justicia"*.

Y con esa fe, sintiendo el anhelo de infinito y confiando plenamente en la bondad de Dios, di el sacramento de la Unción como el mejor gesto de cariño y consuelo para aquella familia.

Mientras volvía caminando en silencio hacia casa, contemplando la inmensidad de las montañas andinas y sintiéndome abrazado por ellas, pensaba en Gladys y la tristeza de sus padres.

De repente, me vino a la cabeza la costumbre que tenían sus antepasados a la hora de despedirse de sus seres queridos cuando morían: los ponían en posición fetal dentro de cestas de mimbre, y colocaban éstas en cuevas abiertas en la montaña, como si fuera en el seno de la madre tierra. Pensaban que así como habían venido, de la misma forma debían volver al lugar de origen.

VENERACIÓN Y MIEDO

Durante la estancia en los Andes Peruanos, viví situaciones en las que veía raíces ancestrales. Creían que cuando una persona moría, su espíritu vagaba, yendo de un sitio a otro durante tres días y tres noches, y la manera de honrarlo y protegerse era moverse por la casa del difunto. Hecho que obligaba a la familia afectada a invitar a la gente a beber y a comer durante los tres días y las correspondientes noches.

También en el mundo griego y romano pensaban que con la muerte del cuerpo el alma se separaba y emprendía un viaje, y creían que el alma, durante unos días, antes de emprender el viaje, estaba en torno al cuerpo.

Una tarde, después de una inhumación en el cementerio, volviendo a casa, ya entrada la oscuridad, un grupito de niños que me acompañaban me preguntaron si dormiría solo en casa. Cuando les dije que sí, me dijeron que estuviera alerta, porque el último lugar donde había estado el cuerpo de la mujer que acabábamos de enterrar, había sido la iglesia. Como los franciscanos vivíamos junto a la iglesia, según su creencia, una vez enterrada la difunta, su espíritu, durante la noche, visitaría el último lugar donde había estado su cuerpo. Les dije que estuvieran tranquilos, que no hacía falta que me hicieran compañía, y les despedí.

Ya de noche, entré en la iglesia, en la que sólo se veía, en un rincón, la luz de unas velas que habían dejado encendidas en memoria de la difunta. Todo estaba en penumbra. Cerrada la puerta, seguí hacia el altar para ir a la sacristía y llegar a casa. Mientras iba pensando en el comentario que habían hecho los niños, de repente, oí una voz trémula que me llamaba. Asombrado, miré hacia las velas, y allí entre sombras, distinguí a una anciana con un poncho negro, sentada en el suelo. Me quité el miedo y me acerqué. Ella, sonriendo, me pidió que por favor le abriera la puerta para irse. Me explicó que, según su creencia, debía esperar a que la vela que había encendido en memoria de la difunta, se consumiera. Charlamos un poquito, le abrí y nos despedimos.

Aquella noche me encontraba solo en casa. Dicha casa había sido construida en lo que había sido el antiguo cementerio, junto a la iglesia. Mucha gente no entendía que pudiéramos pasar las noches sin oír gemidos de almas o tener apariciones. Esa noche me di cuenta de que en relación a los difuntos hay veneración y, a la vez, miedo. Hechos que han generado supersticiones.

LA CASA MALDITA

Lo confirmé unos meses después, durante un recorrido por los poblados más alejados. Solo podíamos llegar a ellos a pie, ya que se encontraban en la bajada hacia la selva -lo que ellos llamaban la *cejamontaña*-, y el terreno, cubierto por una vegetación muy densa, hacía imposible avanzar a caballo o en mula.

Cuando visitábamos los poblados, siempre había alguna familia que nos daba hospedaje; a menudo, si la había, era la escuela del poblado.

Esta vez, en Uctubamba, me hospedaron en una casa de tres habitaciones, por supuesto de tierra y paja, y no vivía nadie, cosa que me extrañó. Ya de noche, después de cenar, me acompañaron a dicha casa para dormir. Habían preparado un catre, camitas que ellos mismos hacían a su medida, y como eran más bien bajitos, teníamos que dormir encogidos. Una vez solo, observé la casa y noté que dentro no había nada más, no había señal de vida. Me encomendé a Dios y dormí toda la noche.

La sorpresa vino cuando por la mañana, al abrir la puerta para salir de la casa, justo enfrente, esperándome, había un buen grupo de hombres del poblado, sentados en el suelo y observándome. Les saludé, y de repente me preguntaron si había descansado. Les dije que sí, que muy bien. Entre ellos empezaron a hacer comentarios en voz baja. Y ante mi insistencia de por qué les sorprendía que hubiera descansado, uno de ellos se levantó y me dijo: *"¿De verdad que no ha oído ruidos de cadenas, ni gemidos, ni nadie le ha molestado?"*. Les respondí que no, que había pasado una noche tranquila debido al cansancio de haber andado muchas horas para llegar a verlos.

El más anciano, también poniéndose de pie, me dijo que desde hacía años, debido a una desgracia en la que había habido muertos, aquella casa estaba maldita y nadie había logrado poder dormir. Habían pensado, ya que yo era sacerdote- un *enviado de Dios,* dijeron ellos-, hacer una prueba conmigo.

Al comprender de qué se trataba, pensé para mis adentros que, de haberme enterado la noche anterior, no me habría hecho ninguna gracia. Sonriendo, les dije: *"Estad tranquilos, cuando voy a dormir siempre pido a Dios que vele mi descanso, y lo suele hacer, aleja los malos espíritus. Pensad que en esta casa, como en las vuestras, si os encomendáis a Dios, él velará vuestro sueño. De todos modos, ahora vamos a bendecir esta casa y quedaos tranquilos. Y aprended a vivir en armonía, sin rencores y sin miedos".*

Se levantaron y contentos se abrazaron, celebrando que la paz había vuelto a su poblado.

DURMIENDO BAJO DOS ATAÚDES

En otra visita a uno de los poblados más alejados, Hongón, me hospedó un carpintero que vivía allí con su esposa; ambos eran un matrimonio mayor. Para dormir me habían preparado un catre en el taller de carpintería. Era una habitación oscura de cuatro metros de larga por tres de ancho y dos y medio de altura. Justo sobre mi catre, había un ataúd sobre dos estacas, y al otro lado, a la misma altura, otro. Cuando el carpintero, se dio cuenta de que miraba con asombro, me dijo: *"No se preocupe, están sin estrenar, puede dormir tranquilo. Uno es para mi mujer, cuando muera, y el otro para mí"*.

Al anochecer, cuando me retiré a dormir, tumbado en el catre, y rodeado por la tenue luz de una vela, contemplando los dos ataúdes, hice una larga meditación sobre la muerte, y sentía una sana envidia de lo bien que la tenían asumida Don Panchito y su esposa.

COMIENDO Y BEBIENDO SOBRE LA TUMBA

Un buen día, estando en Huancaspata, adonde había ido a pasar una semana, vino un señor a preguntarme si podría acompañar a su familia al cementerio a hacer una oración para celebrar el aniversario de la muerte del padre de su esposa.

Fuimos, y me sorprendió ver una mesa con comida al lado de un promontorio de tierra donde, a dos metros de profundidad, había sido enterrado el difunto hacía un año. Me dijeron que primero hiciera unas plegarias y a continuación compartiríamos una merienda en memoria del finado. Así lo hicimos. Lo más sorprendente fue que, para finalizar, todos los hombres se reunieron en círculo - como era su costumbre- y comenzaron a pasar un cubo lleno de *chicha*, bebida típica de los Andes hecha a base de maíz fermentado, con un único vaso. Todos bebíamos del mismo vaso al grito de "¡salud!". Algunos ya empezaban a mostrar los efectos del alcohol, y sentí que era el momento adecuado para despedirme. Entonces me dijeron: *"No, aun no, ahora el difunto también debe participar de nuestra comida y de nuestra bebida"*.

Entonces pusieron los alimentos que habían sobrado sobre la tumba y también derramaron toda la chicha que quedaba. Así, nos despedimos.

Volviendo a casa, pensaba que las costumbres con los difuntos, aunque en culturas diferentes, tienen semejanzas. Recordaba que ya entre los romanos había la costumbre de dejar una porción de alimento al lado de la tumba del difunto, porque pensaban que podría necesitarlo para iniciar el viaje a la otra vida. Y también creían que una comida fúnebre aseguraba la comunión. Una forma más de alejar el miedo.

LA PATADA QUE ME ABRIÓ LOS OJOS

En los Andes me enseñaron que viajar en mula, aunque es menos cómodo que a caballo, es más seguro: la mula tantea el terreno antes de pisar. Eso sí, es más terca y curiosa, cuesta más dominarla. Si decide caminar por el borde del camino y mirar al precipicio, no queda otra que aguantarse y confiar. También hay que tener cuidado, porque pueden patear.

La ruta que estaba haciendo era la más lejana de la misión. Eran senderos muy estrechos y peligrosos, y los pueblos estaban separados por nueve horas de camino. En ese trayecto, lo único que podías encontrar era alguien que transportara coca a la zona más poblada para venderla. La sensación era que sólo existías tú y las montañas imponentes. Si querías conversar, era contigo mismo... o con la acémila.

Tras visitar el primer pueblo, decidí seguir hacia otro, llamado Jucusbamba. Al mediodía, junto a un riachuelo, paré a comer algo que llevaba en la alforja. Después de comer, preferí caminar detrás de la mula, pero al acercarme para desatarla de un arbusto, me soltó una patada con las dos patas traseras y salió corriendo. Sentí un dolor fuerte en el labio superior y en el abdomen. Tenía la cara cubierta de sangre... y me había quedado sin mula.

No me quedó otra que seguir a pie: faltaban cuatro horas para llegar al pueblo. Caminé en completa soledad, con dolor y mucha preocupación. Sabía que, si en vez del labio me hubiera dado en la garganta -y considerando que llevaba herrajes-, podría haber sido mortal. Sentía el miedo de estar tan lejos de cualquier ayuda y el riesgo de desangrarme. Me até bien el foulard para contener la herida y seguí caminando.

En el trayecto pensé en dos franciscanos de mi pueblo, Guillermo y Paco, que habían muerto a los 28 años de muerte súbita. Yo acababa de cumplir esa edad. Reflexioné mucho y me preparé, por si tocaba aceptar lo que viniera.

Gracias a Dios, la cosa terminó bien. Al llegar al pueblo, la gente no me reconocía y yo no podía hablar. Cuando entendieron lo que había pasado, me curaron con remedios naturales de la selva. Eso sí, para "animarme", me dijeron que había tenido mucha suerte: no habría sido el primero en morir si la patada me hubiera dado en la garganta.

De aquella experiencia aprendí a valorar la vida de una manera mucho más profunda. En los lugares remotos, donde no hay médicos ni carreteras, uno entiende que la existencia pende de un hilo y que cualquier imprevisto grave puede ponerla en riesgo. La patada de la mula me recordó que la muerte no siempre avisa y que basta un instante para que todo cambie. Aceptar esa fragilidad no me llenó de desesperación, sino de una calma extraña: supe que no siempre podemos elegir lo que nos pasa, pero sí cómo enfrentarlo.

También comprendí que, ante un peligro real, el miedo puede ser un aliado si no dejas que te paralice. Caminé con dolor y con la incertidumbre de si lograría llegar, pero cada paso fue una afirmación de que quería seguir vivo. Desde entonces, valoro más los días que se me han regalado y acepto que, aunque la muerte es una posibilidad siempre presente, la vida merece ser vivida con gratitud, atención y respeto.

EN EL BRASIL

Trabajando en Brasil, en Mato Grosso, visitaba poblados en los que las familias vivían en situaciones muy precarias, en pequeñas casas hechas de barro, cañas y paja, y un trocito de tierra que cultivaban para sobrevivir. Me llamó la atención que enterraban a sus difuntos en el mismo trocito de tierra que tenían cerca de casa. No tenían miedo a los difuntos, sentían que eran espíritus que los protegían.

En Manaus, la capital de la Amazonia, quise conocer uno de los principales médiums de Brasil, su nombre era Seu José, con fama de ser un buen hombre.

La historia era que una anciana muy querida en el barrio, Mãe Mariana, había dicho que, al morir, su espíritu tomaría posesión del cuerpo de Seu José cada viernes a las diez de la noche, durante unas horas, para ayudar a la gente.

Presencié cómo trabajaba, y sería muy largo narrarlo. Lo que quiero decir es que también hay gente con facultades paranormales y dicen comunicarse con espíritus. Estando en Brasil, vi cosas que me sorprendieron - algunas muy extrañas- y también había quien montaba negocio con estas creencias. Seguí el consejo de una misionera brasileña que me dijo: *"Aquí verá una mezcla de espiritismo, candomblé y supersticiones. No juzgue, sencillamente mire y calle. Tengo parientes que han desaparecido y no sabemos ni por qué, ni cómo".* Aprendí que debía ser respetuoso y no juzgar, aunque no entendiera.

BRUJOS Y CURANDEROS

En un poblado perdido en Guinea Ecuatorial, cuando fui a impartir un curso de Reflexoterapia Podal, viví una experiencia muy triste. Murió una niña de doce años y me dijeron que la llevarían a enterrar a escondidas en un lugar desconocido. Pregunté por qué, y me dijeron: *"Es posible que nuestra hija haya muerto envenenada por alguien, sin que lo advirtiéramos. En nuestros poblados hay brujos y curanderos; probablemente, alguno de ellos intuyó que la niña podía aumentar sus poderes e idearon la forma de hacerla morir. Es algo que suelen hacer, lo sabemos. Una vez enterrada, irán a recuperar su cuerpo y le sacarán su corazón. Así obtendrán más poder para proteger su comunidad."*

Indignado, y a la vez sorprendido, le pregunté: *"Si sabe esto, ¿por qué no lo denuncia?"* Y me respondió: *"Todos sabemos que esto sucede, pero no nos atrevemos a hablar de ello".* Quien me acompañaba, que había vivido en España, me dijo: *"Usted en el País Vasco, yendo en el autobús, ¿hablaría mal de ETA a un desconocido sentado a su lado?"*. Entendí y me callé.

Con estas pequeñas anécdotas lo que quiero decir es que la muerte siempre ha estado revestida de misterio y ha generado supersticiones y miedos.

Desde los primeros tiempos de la humanidad, la muerte ha sido una de las principales preocupaciones de las personas en todas las culturas y épocas. Siempre ha suscitado numerosas preguntas y se ha vivido rodeada de rituales. Como forma de responder a ese misterio, cada cultura ha desarrollado sus propios ritos funerarios y de despedida, expresando así sus creencias sobre el difunto y el significado que atribuían a la muerte.

CÓMO SE HA VIVIDO Y SE VIVE LA MUERTE EN DISTINTAS CULTURAS

Cuando estudiaba en Roma, los fines de semana trabajaba de guía en las catacumbas de San Sebastián. Fue para mí una oportunidad para conocer la historia de dichas catacumbas, que antes que cristianas fueron paganas. Me enriqueció mucho el encuentro y diálogo con visitantes de otras culturas y tradiciones religiosas, que despertaron en mí el deseo de conocer más en profundidad lo que ellos me comentaban de sus creencias y costumbres funerarias y sentí la necesidad de formarme en este aspecto.

Con esta experiencia aprendí, como ya he mencionado, que a lo largo de los siglos y en cada una de las civilizaciones y culturas los seres humanos se han preparado para morir y han experimentado la muerte de formas muy distintas.

A continuación haré una breve exposición de cómo se ha vivido y vive la muerte en algunas de las diferentes culturas y tradiciones religiosas.

COMUNIDADES PRIMITIVAS

Mi interés por el significado de los rituales funerarios comenzó gracias al P. Joan Llabrés, un apasionado de la arqueología y fundador del Museo de La Porciúncula. En Mallorca. Cuando éramos estudiantes de bachiller, él nos impartía clases de Historia y de Arte y solía llevarnos a visitar excavaciones de antiguas necrópolis. Fue en aquellas salidas, entre restos silenciosos y preguntas sin respuesta, donde empecé a comprender la profunda relación entre los ritos funerarios y la manera en que cada cultura concibe la vida y la muerte.

En las culturas prehistóricas, la muerte era un momento muy importante y se hacían rituales especiales para honrar a los fallecidos y ayudarles a pasar a otro mundo o estado espiritual. Desde el Paleolítico, se enterraba a los muertos con cuidado, a veces en posición fetal, y se les dejaban objetos personales o restos de animales, pensando que podrían necesitarlos en la otra vida. Esto muestra que ya creían en algún tipo de vida después de la muerte.

Incluso los neandertales enterraban a sus muertos, demostrando que entendían la muerte como algo serio y definitivo. Con el tiempo, los rituales funerarios se hicieron más variados: en algunos lugares se practicaba la cremación para liberar el espíritu, y en otros se dejaban los cuerpos en plataformas para que las aves los comieran, simbolizando la liberación del alma.

En las comunidades primitivas, la muerte causaba temor, por lo que se tomaban precauciones para evitar que el difunto regresara al mundo de los vivos. Pero también había un gran respeto y deseo de mantener un vínculo con los antepasados. Por eso, los enterramientos a menudo se hacían cerca de las viviendas, para conservar su presencia dentro de la comunidad.

Desde el Neolítico, las creencias sobre la muerte se relacionaban con la naturaleza y sus ciclos de renovación. Se pensaba que, al igual que la naturaleza, el ser humano pasaba por un ciclo de vida, muerte y renacimiento.

En resumen, los primeros ritos funerarios muestran cómo los seres humanos comenzaron a respetar la muerte y a imaginar que la vida no terminaba con ella. Estas creencias fueron la base de muchas religiones y culturas futuras.

ANTIGUAS CIVILIZACIONES

Egipto

En el antiguo Egipto, la muerte se veía como el paso hacia una vida eterna. Por eso, los rituales funerarios buscaban asegurar que el alma viviera para siempre.

Al morir alguien, su cuerpo se momificaba en un proceso que duraba unos setenta días. Durante ese tiempo, se limpiaba, se secaba y se envolvía con vendas de lino. Dentro de las vendas se colocaban amuletos para proteger al alma de los malos espíritus y ayudarla en su viaje al más allá.

Después de la momificación, el cuerpo se ponía en un ataúd o sarcófago y se hacía una procesión con ofrendas, flores y objetos personales del difunto, que se consideraban útiles para su nueva vida. La familia y los acompañantes llevaban el cuerpo hasta su tumba, ubicada en el *Occidente*, un lugar sagrado para los egipcios.

La tumba debía tener una *casa de eternidad* y estar llena de alimentos, aceites, incienso y otras cosas necesarias para que el alma estuviera bien en la otra vida. Era muy importante que los sacerdotes y familiares, especialmente el hijo mayor, mantuvieran el culto funerario para asegurar la vida eterna del difunto.

Además, el alma era juzgada por Osiris, el dios de los muertos. Si la persona había sido buena, podía vivir eternamente. Si no, su alma desaparecía. Este juicio era clave para que el alma pudiera seguir existiendo después de la muerte.

· En resumen, para los antiguos egipcios, la muerte era solo un cambio hacia una vida eterna, que se lograba a través de la momificación, los rituales funerarios y el juicio del alma.

Mesopotamia

En la antigua Mesopotamia, la muerte no se entendía como un castigo, sino como algo natural, parte del destino que los dioses habían marcado para todos. Morir era simplemente un paso inevitable para cualquier persona.

Cuando alguien moría, se creía que su espíritu iba al inframundo, un lugar subterráneo y oscuro conocido como *la tierra sin retorno*. Allí, la existencia era triste y apagada: los espíritus vivían sin alegría, alimentándose de polvo y barro. Por eso, los vivos seguían cuidando de sus muertos, ofreciéndoles comida y agua sobre sus tumbas, con la esperanza de aliviar su sufrimiento y mantenerlos en paz.

Los rituales funerarios eran muy importantes. Aunque los reyes y nobles eran enterrados con más riquezas y objetos personales, la gente común también realizaba entierros sencillos, pero siempre con algún tipo de ofrenda simbólica. Lo esencial era mostrar respeto y mantener el vínculo con el difunto.

También existía el miedo a que los espíritus regresaran a molestar a los vivos. Por eso, los ritos adecuados y el cuidado de las tumbas eran fundamentales, no solo por respeto, sino también por protección.

En resumen, para los mesopotámicos, la muerte no era el final, sino un cambio de estado. Los vivos tenían la responsabilidad de seguir en contacto con sus muertos a través de rituales, ofrendas y memoria, manteniendo así una conexión espiritual entre ambos mundos.

Grecia

En la antigua Grecia, la muerte se veía como el paso del alma al *más allá*, específicamente al Hades, el mundo de los muertos. Para que el alma llegara a su destino y no quedara atrapada, se seguían rituales muy precisos.

Primero se realizaba la *próthesis*, que consistía en exponer el cuerpo en casa durante uno o dos días para que familiares y amigos pudieran despedirse. Se perfumaba el cuerpo, se vestía de blanco y se adornaba con flores. En la boca del difunto se colocaba una moneda para pagar a Caronte, el barquero que cruzaba el río Estigia hacia el Hades.

Antes del amanecer, se realizaba el cortejo fúnebre, encabezado por mujeres que lloraban y cantaban. El cuerpo era enterrado o cremado; si se cremaba, las cenizas se guardaban en urnas. En la tumba se dejaban objetos personales, alimentos y vasijas, y a veces se colocaban estelas con inscripciones.

Después, la familia hacía rituales de purificación y ofrecía banquetes en honor al difunto.

Estos ritos buscaban asegurar el descanso del alma y proteger a los vivos, mostrando el respeto de los griegos por una muerte bien ordenada.

Roma

En la antigua Roma, la muerte era un momento muy importante y lleno de rituales para asegurar que el alma del difunto descansara en paz. El cuerpo se preparaba con cuidado: se lavaba, se perfumaba y se vestía, luego se colocaba sobre una camilla en el atrio de la casa, con los pies hacia la puerta. Esta se adornaba con ramas de ciprés o laurel, como señal de luto.

El velatorio duraba varios días, durante los cuales la familia y los amigos lloraban, cantaban y a veces hacían la *conclamatio*, un rito en el que se llamaba tres veces al difunto para confirmar su muerte. También era común hacer una máscara de cera con su rostro como recuerdo.

El funeral era una procesión solemne hacia la necrópolis, con música, plañideras (mujeres que lloraban profesionalmente) y discursos, dependiendo del estatus social del fallecido. Cuanto más importante era la persona, más elaborado era el funeral.

Durante mucho tiempo, la cremación fue el método más común: el cuerpo se quemaba en una pira, se apagaba con vino y las cenizas se guardaban en urnas. Con el tiempo, sobre todo desde el siglo II d.C., la inhumación (entierro) se volvió más frecuente, sobre todo por la influencia del cristianismo. Las personas eran enterradas en tumbas o panteones, y los más pobres usaban cajas de madera simples.

La ropa del difunto y la decoración de la tumba mostraban su nivel social. Las tumbas podían tener relieves, esculturas y escenas de la vida o de la mitología.

Nueve días después del entierro se celebraba una comida ritual, y más adelante se hacían visitas y ofrendas en la tumba para recordar al fallecido. Estos actos formaban parte de la vida religiosa y social romana, reflejando el respeto a los muertos y el deseo de asegurar su descanso eterno.

RELIGIONES DEL LIBRO Y MEDIO ORIENTE

Judaísmo

Para el judaísmo, es Dios, quien tiene autoridad para dar y quitar la vida. La muerte forma parte del ciclo vital; es el fin de la existencia física; pero el alma continúa y entra en una nueva etapa espiritual. Para la mayoría de los judíos, la muerte no significa el final total, sino un paso hacia una relación eterna entre el alma y Dios. Esa relación depende de cómo fue la vida de la persona: sus acciones y si cumplió con los preceptos religiosos.

Los judíos creen en un mundo futuro. Según algunas enseñanzas de los rabinos, cuando llegue el Mesías, los muertos resucitarán.

Cuando una persona muere, los rituales se centran en mostrar profundo respeto al difunto y consolar a los deudos. El cuerpo es lavado y purificado, vestido con mortajas blancas y enterrado lo antes posible, evitando la cremación y, generalmente, la autopsia. Preceden al sepelio un velatorio breve y la recitación de pasajes sagrados; también se entona el *Kadish*, oración en honor al fallecido. Durante siete días la familia continúa con el ritual del duelo, recibiendo visitas y oraciones de apoyo.

La tradición judía entiende el acompañamiento en el duelo no solo como un deber religioso, sino también como un proceso terapéutico que permite aceptar y afrontar la pérdida.

Cristianismo

El cristianismo tiene sus raíces en la vida, muerte y resurrección de Jesús. Su historia está tejida por el amor incondicional y la entrega, atravesada por el dolor más profundo y termina con la promesa de una vida nueva.

La crucifixión de Jesús fue la consecuencia de una vida vivida con coherencia, empatizando con su pueblo, especialmente con los más olvidados o castigados por la vida. Él aceptó con libertad y sin resistencia su ejecución en la cruz, muriendo incomprendido, rechazado y cargado de sufrimiento, como mueren los inocentes. Todo porque confiaba plenamente en Dios, su Padre, quien finalmente le dio la razón resucitándole.

Para los primeros cristianos, este acontecimiento lo cambió todo. Sentían la presencia de Jesús entre ellos, especialmente cuando se reunían en su nombre. La muerte ya no era el final y sentían la vida abierta a un nuevo horizonte. El dolor, el sufrimiento, los límites humanos, habían cobrado un nuevo sentido.

La resurrección de Jesús pasó a ser el centro del mensaje cristiano. La convicción de que el Amor no muere se tradujo en una nueva forma de vivir, tal como había enseñado: confiando plenamente en Dios Padre, viviendo con serenidad las consecuencias de su fe y trabajando por una sociedad justa y pacífica, en la que todos pudieran vivir con la dignidad que merece todo ser humano al ser hijo de Dios. Y la certeza de que la resurrección de Jesús es la primicia de la propia resurrección.

Este mensaje sigue siendo plenamente actual. También hoy necesitamos saber, en nuestro mundo marcado por la violencia y la desesperanza, que el dolor y la muerte no tienen la última palabra, que el perdón es posible y que siempre hay una nueva oportunidad para poder recomenzar. Sentir la presencia de Cristo resucitado en la propia vida nos da sentido en nuestro vivir diario. Jesús vive en Dios y sigue presente en nosotros y en la historia a través del Espíritu.

A lo largo del libro iré exponiendo detalladamente los rituales característicos de los cristianos y su explicación.

Islam

En el Islam, la muerte no es el final, sino el comienzo de la vida eterna. Se considera un evento natural, parte del destino decidido por Allah, y la vida terrenal se entiende como una preparación para la verdadera existencia. Según las enseñanzas del Corán y la Sunna (la tradición del profeta Mahoma), cuando llega la muerte, se inicia el juicio divino: el alma será conducida al paraíso -un jardín de gozo- o al infierno -un lugar de sufrimiento-, según los actos de cada persona. Los musulmanes creen en la resurrección y en el juicio universal. En el momento de la muerte, el creyente debe pronunciar la *shahada* (su profesión de fe); si no puede hacerlo, un familiar o amigo lo dice por él.

Los ritos funerarios islámicos destacan por su sencillez y sentido de comunidad. El cuerpo del fallecido es lavado ritualmente por familiares del mismo sexo, en un proceso que simboliza purificación. Luego, se envuelve en una tela blanca que representa humildad e igualdad ante Dios. En el caso de las mujeres, su cabello se recoge en trenzas hacia la espalda.

La despedida es breve y solemne: familiares y miembros de la comunidad rezan una oración especial, dirigida por un imán, normalmente al aire libre o en una mezquita. El entierro debe hacerse lo antes posible, generalmente en menos de veinticuatro horas. El cuerpo se deposita directamente en la tierra, si es posible, sobre su lado derecho y mirando hacia La Meca.

La cremación está prohibida. Tampoco se permiten tumbas ostentosas ni flores. El luto suele durar tres días, salvo para las viudas, que deben guardarlo por más tiempo, según el Corán.

Aun ante la muerte, los musulmanes mantienen la esperanza en el perdón y la misericordia de Allah.

RELIGIONES ORIENTALES

Hinduismo

En el hinduismo, la muerte no es un final, sino un cambio: marca el fin de una vida y el comienzo de otra a través de la reencarnación. El objetivo principal del alma es liberarse de este ciclo de nacimientos y muertes para alcanzar la liberación espiritual.

Cuando alguien muere, su familia cierra sus ojos y su boca, acomoda el cuerpo con la cabeza hacia el sur y le pone pasta de sándalo en la frente. También se enciende una lámpara cerca de la cabeza durante tres días para guiar al alma en su camino. El cuerpo se viste normalmente de blanco, aunque en el caso de mujeres puede variar según si estaban casadas o no.

El rito más importante es la cremación, ya que se cree que así el alma se libera del cuerpo más rápido. El traslado del cuerpo hasta la pira va acompañado de oraciones y flores. Generalmente, solo los hombres participan, porque se piensa que las mujeres podrían llorar y dificultar el viaje espiritual. El hijo mayor suele encender la pira. Después, las cenizas se lanzan al río Ganges, que se considera sagrado y purificador.

La familia guarda luto durante trece días. En ese tiempo, siguen ciertas reglas, como no cortarse el pelo ni afeitarse, y hacen rituales diarios. Al final, se bañan ritualmente y hacen ofrendas a los dioses y a los ancestros para ayudar al alma del fallecido a tener una buena reencarnación.

Para el hinduismo la muerte es parte de un ciclo de transformación regido por el karma, y los rituales ayudan al alma a pasar bien a su próxima vida o, si es posible, a alcanzar la liberación.

Budismo

En el budismo, la muerte no se ve como algo terrible o final, sino como una parte natural de la vida. Es solo una etapa más dentro de un ciclo que nunca se detiene, que incluye el nacimiento, la muerte y el renacimiento.

Según esta visión, cuando una persona muere, su conciencia vuelve a nacer en otra forma de existencia. Y lo que determina cómo será esa nueva vida es el *karma*, es decir, todo lo que hizo, dijo y pensó durante su vida. Por eso, los budistas le dan mucha importancia a cómo se vive el presente: porque cada acción cuenta.

En lugar de tenerle miedo a la muerte, muchas personas budistas se preparan para ella con calma y conciencia. Practican la meditación y el desapego para poder soltar y aceptar ese momento con serenidad. Para ellas, morir también puede ser una oportunidad para crecer espiritualmente y liberarse del sufrimiento.

Cuando alguien va a morir, se suelen hacer rituales con oraciones, lecturas y compañía tanto para quien se va como para sus seres queridos. Todo esto busca que la transición sea tranquila y que el próximo renacimiento sea lo más favorable posible. Durante este proceso, la compasión, la paz interior y la claridad son muy importantes.

En el budismo la muerte no es el final ni algo oscuro. Es simplemente un paso más en el camino hacia la sabiduría, la paz y la liberación del sufrimiento.

Taoísmo

El Taoísmo enseña una comunión o fusión del ser humano con la naturaleza, viviendo de acuerdo a sus leyes. Promulga que el hombre pueda vivir lo más sano y sencillo posible, sin trucos artificiales, autoengaños o deseos materiales excesivos.

A la muerte se le concede el grado de transformación y retorno a la unidad, al orden natural que existía antes de habitar en ese cuerpo. Es un fenómeno absolutamente normal, necesario para que la vida y la naturaleza continúen. Es un paso más de la vida, y sabemos tan poco de lo que ocurre después como de lo que ocurre antes de nacer.

Los taoístas diferencian entre espíritu y alma. El espíritu pertenece a los vivos, es energía del yang, y cuando una persona muere desaparece su espíritu y da lugar a su alma, parte del ying.

Afrontar la pérdida desde un punto de vista taoísta invita a encontrar alivio tanto a quien parte como a los que se quedan, viendo esta partida no como una pérdida, sino como una vuelta a su origen innato, como dice el Tao

Te King *"uno que fluye de vuelta al océano de donde salió"*, ya que somos uno con el Universo.

Confucionismo

En el confucionismo, la muerte no es el centro de la doctrina, pero ocupa un lugar importante ligado al respeto y culto a los antepasados. Se cree que cuando una persona muere, su espíritu sigue teniendo influencia en la vida de sus familiares. Por eso, para los confucianos, es muy importante cuidar y honrar a los padres y a los ancestros. Hacer rituales y ofrendas a los muertos ayuda a mantener la armonía en la familia y trae bienestar al grupo.

El confucionismo no se enfoca en explicar qué pasa después de la muerte. Lo más importante es vivir bien el presente, con respeto, siguiendo las normas y actuando con virtud. Cuando alguien muere, se hacen rituales como velarlo, contar a los antepasados lo que ha pasado, y luego, en fechas especiales, hacer ceremonias para recordarlos o pedirles ayuda. Se cree que los espíritus de los antepasados pueden ayudar o castigar a sus descendientes según cómo se comporten.

En algunas corrientes se piensa que el alma solo sigue existiendo por un tiempo después de morir, y luego desaparece. Pero eso varía según la época o la tradición. Lo esencial no es pensar tanto en lo que pasa después de morir, sino en mantener viva la memoria y el ejemplo de quienes ya no están.

El confucionismo invita a respetar y recordar a los muertos, no tanto por miedo o por pensar en otra vida, sino como una forma de cuidar a la familia, fortalecer los lazos y vivir con respeto.

Shintoísmo

En el shintoísmo, la muerte no se ve como un final total, sino como una transición natural. Se cree que cada persona tiene un *kami*, una especie de espíritu, que al morir se separa del cuerpo y vuelve a la naturaleza o al mundo espiritual.

Sin embargo, la muerte está asociada con la impureza. Esto no significa que sea algo malo, sino que tanto las personas como los lugares relacionados con la muerte necesitan purificarse con rituales especiales. El objetivo es recuperar la pureza y el equilibrio, que son muy importantes en esta religión.

El respeto por los antepasados también es fundamental. Las familias hacen ofrendas de comida y bebida, y cuidan los altares en casa donde se honra a los seres queridos que ya murieron. Mantener una buena relación con los espíritus de los antepasados ayuda a tener paz y protección en la vida diaria.

Si no se hacen bien los rituales o si la muerte fue dolorosa o repentina, el espíritu puede quedarse inquieto y no encontrar descanso hasta que sus asuntos se resuelvan. Por eso es tan importante hacer bien las ceremonias y recordar a los difuntos.

En el shintoísmo la muerte se respeta como parte de la vida. Lo más importante es mantener el equilibrio, agradecer a los antepasados y asegurarse de que el mundo de los vivos y el de los espíritus estén en armonía.

CULTURAS ORIGINARIAS DE AMÉRICA

Aztecas

Para los aztecas la muerte no era el final, sino una parte más del ciclo de la vida. Creían que, al morir, el alma no desaparecía, sino que iniciaba un viaje hacia otro mundo llamado Mictlán, el lugar de descanso para quienes morían de forma natural. Ese viaje duraba cuatro años y estaba lleno de pruebas difíciles, como cruzar ríos, montañas y enfrentarse a animales. Para lograrlo, el alma necesitaba la ayuda de un perro, un animal sagrado que la guiaba.

El destino del alma dependía de cómo había muerto la persona. Por ejemplo, los guerreros que morían en batalla y las mujeres que fallecían al dar a luz iban al *cielo del sol*, un lugar especial y brillante. Solo quienes morían de forma natural hacían el largo camino al Mictlán.

Los rituales funerarios eran distintos según el rango de la persona. A la mayoría se les cremaba y sus cenizas se enterraban junto con comida y objetos para ayudarlos en su viaje. En cambio, los nobles y gobernantes eran enterrados con joyas, máscaras y eran homenajeados con danzas antes del entierro.

La muerte era muy importante en la religión azteca. Creían que vida y muerte eran necesarias para que el universo siguiera funcionando. Por eso también realizaban sacrificios humanos, sobre todo de guerreros, como una forma de alimentar al dios del sol y mantener el equilibrio del mundo.

Muchas de estas ideas siguen vivas en tradiciones actuales, como el *Día de Muertos*, en el que se hacen ofrendas y se recuerda a los seres queridos fallecidos, tal como lo hacían los aztecas para mantener el vínculo con el mundo espiritual.

Para los aztecas, la muerte era el inicio de un viaje sagrado. Los rituales eran clave para ayudar al alma en su camino y para que el universo siguiera en equilibrio.

Incas

Para los incas, la vida y la muerte no eran cosas separadas, sino partes de un mismo ciclo. Cuando alguien moría, su alma no desaparecía, sino que pasaba a formar parte de una nueva comunidad espiritual llamada *ayllu*. Para que este paso fuera tranquilo, se momificaban los cuerpos o se dejaban secar al aire, y se enterraban junto con ropa, herramientas y comida. Todo esto era para que el espíritu tuviera lo necesario en su nueva vida y no regresara a molestar a los vivos.

El sol era una figura muy importante para los incas y también tenía un rol central en los funerales. Por eso, los cuerpos se colocaban mirando hacia donde sale o se pone el sol, como símbolo de un nuevo comienzo. El alma del difunto viajaba hacia el mundo espiritual donde viviría en paz junto a los dioses. Para mantener la conexión con esa alma, se hacían rituales y ofrendas, reflejando la creencia de que todo en la vida es un ciclo que no termina.

El respeto por los muertos era profundo. Se creía que su espíritu, podía seguir viviendo en estatuas sagradas. A estas figuras se les daba de comer y beber como si fueran personas vivas, para que no pasaran hambre ni sed. Así, se cuidaba su memoria y se mantenía su fuerza espiritual presente.

Para los incas, la muerte era solo un cambio de forma, un paso hacia otra vida donde el alma seguía su camino. A través de rituales, respeto y conexión con el sol y el cosmos, se aseguraba que ese viaje fuera armonioso y que el equilibrio espiritual se mantuviera.

Mayas

Para los mayas, la muerte no era el final, sino un cambio, una transición hacia otra forma de existencia. Creían que el espíritu no moría con el cuerpo, sino que seguía viviendo en otro plano. El destino del alma dependía en parte de cómo había muerto la persona. Por ejemplo, los sacrificados iban al cielo, quienes morían en el agua llegaban a un paraíso junto al árbol sagrado, y la mayoría de las personas iba a un inframundo lleno de desafíos que el alma debía atravesar.

Para ellos, la vida y la muerte eran opuestas, pero se necesitaban mutuamente. Eran parte de un mismo ciclo, como el que se ve en la naturaleza o en los movimientos del sol. Morir era como sembrar: algo se termina, pero también empieza otra cosa.

Los rituales funerarios eran muy importantes. Ayudaban al alma del difunto en su viaje al más allá y también servían para mantener el vínculo con los antepasados. Creían que, al principio, el espíritu se quedaba cerca de sus seres queridos, y que luego comenzaba su difícil camino hacia el otro mundo.

La muerte no se vivía con miedo, sino con respeto y preparación. Se entendía que el alma seguía existiendo, ayudando a los dioses o volviéndose parte del universo.

Para los mayas, la muerte era un paso más dentro de un ciclo sagrado. El alma no desaparece, sino que sigue su camino en otro mundo. A través de rituales y del respeto a los ancestros, se mantenía el equilibrio entre los vivos y los muertos. Vida y muerte eran dos partes de un mismo todo.

LAS CULTURAS AFRICANAS

En las Culturas Africanas existe desde tiempos inmemorables la adoración a los muertos (manismo), donde los difuntos siguen viviendo en la mente de todo el pueblo africano como almas, espíritus o seres sobrenaturales que conservan externamente su apariencia terrenal o asumen temporalmente el aspecto de animales.

Aunque las creencias varían entre los distintos grupos étnicos, en África subsahariana, la muerte no se ve como un final, sino como un paso hacia otra forma de vida. Se cree que, al morir, las personas no desaparecen, sino que pasan al mundo espiritual y se unen a sus antepasados, quienes siguen cuidando y acompañando a sus familias.

Muchos comparten la idea de que los muertos siguen presentes y vivos en la memoria colectiva. Por eso, los rituales funerarios son muy importantes. Ayudan a que el espíritu del difunto descanse en paz y se una correctamente a sus ancestros.

Estos rituales suelen incluir cantos, danzas, comidas, ofrendas y representaciones simbólicas. Por ejemplo, en el pueblo Mossi de Burkina Faso, un familiar se pone la ropa del fallecido e imita sus gestos para mantener su presencia simbólicamente. En la cultura Diola de Senegal, el difunto es vestido con sus mejores ropas y llevado en andas, acompañado por música y danzas que celebran su vida en lugar de enfocarse solo en el dolor.

También se cree que el alma puede dividirse y parte de ella reencarnar en los descendientes, lo que fortalece la conexión entre generaciones. Así, la muerte no rompe los lazos familiares, sino que los continúa.

En resumen, para muchas culturas del África subsahariana, la muerte es una transición hacia el mundo de los ancestros. Los rituales ayudan a asegurar la paz del difunto y a mantener vivo el vínculo con él, integrando la muerte en el ciclo continuo de la vida familiar y comunitaria.

LA MUERTE EN LA SOCIEDAD EUROPEA ACTUAL

En la sociedad actual europea, la muerte sigue siendo un tema difícil de tratar. Aunque es una parte natural de la vida, muchas personas evitan hablar de ella, especialmente en público o en familia. En general, se ha perdido el contacto directo con el proceso de morir, ya que la mayoría de las personas fallece en hospitales o residencias, lejos del hogar.

La religión, que antes ofrecía respuestas y rituales claros, tiene hoy menos influencia, especialmente en los países más secularizados. Sin embargo, hay un creciente interés por formas más personales y humanas de despedirse, como funerales laicos o ceremonias personalizadas.

También se habla más de cuidados paliativos y de la importancia de una muerte digna. En algunos países, incluso se ha legalizado la eutanasia o el suicidio asistido, generando debate social y ético.

Las redes sociales y la tecnología también han cambiado la manera de recordar a los muertos, con homenajes en línea o perfiles conmemorativos.

A pesar de los avances médicos, la muerte sigue generando miedo, dudas y emociones profundas. Pero cada vez más personas buscan vivirla y acompañarla con mayor conciencia, respeto y humanidad.

EN CONCLUSIÓN

La muerte es una realidad universal, pero cada cultura y religión le da un significado distinto. Para muchas tradiciones -como el cristianismo, el islam, el judaísmo, el hinduismo o el budismo-, la muerte no es solo un final, sino una transición: hacia el cielo, la reencarnación o la unión con lo divino. Otras culturas, como las mesoamericanas, africanas o asiáticas, la entienden como un paso hacia otro plano o un reencuentro con los antepasados. Estas visiones ayudan a afrontar la pérdida con rituales, respeto y esperanza, manteniendo el vínculo entre vivos y muertos.

En la sociedad europea actual, cada vez más secularizada, muchas personas se alejan de las respuestas religiosas tradicionales. Aun así, crece el interés por formas más personales de acompañar la muerte y recordar a quienes ya no están. Aunque sigue siendo un tema difícil, se busca vivirlo con mayor conciencia y humanidad.

Lejos de ser algo ajeno a la vida, la muerte forma parte de ella. Nos conecta con lo esencial: con los demás, con el sentido que damos a vivir y con aquello que nos trasciende. Comprender las distintas formas de mirarla nos ayuda a afrontarla con más empatía, profundidad y respeto. Esta visión nos anima a vivir con más humanidad, a recordar y cuidar a quienes ya no están, y a valorar más a los que sí están. La muerte, entonces, no es solo tristeza o final, sino una parte del ciclo de la existencia que nos invita a pensar, a sentir y a vivir con mayor profundidad.

Y YO, ¿CÓMO ME SITÚO ANTE LA MUERTE?

No es lo mismo hablar de la muerte en general, que encontrarse con la muerte real y presente de un ser querido. Expondré dos vivencias que me han acercado al morir: una fue la muerte de mi sobrina Cati y la otra la de mi padre. Desde estas experiencias siento la muerte y la miro con más frecuencia, viviéndola como parte de la vida, y para la que he de sentirme preparado.

LA MUERTE DE CATI

Encontrándome de viaje en Suiza, una mañana, a primera hora, me llamó mi madre - nunca he sabido de dónde sacó el coraje- para comunicarme que Cati, su nieta, acababa de fallecer, había sufrido un accidente de tráfico.

La quería como se ama a una hija, y con ella trabajábamos en una tesis doctoral sobre la necesidad de educar para la resiliencia, o, como se decía antes, en la virtud de la fortaleza, es decir, saber encajar los golpes de la vida y convertir las adversidades en oportunidades.

Siempre había sentido la muerte como algo lejano y en casa ajena. Me costó mucho esfuerzo hacerme a la idea y asumir que la muerte había entrado en mi familia y que Cati había dejado de existir.

Lo que hasta entonces había sido su mundo y nuestro mundo había terminado para siempre. En casa, de repente, habíamos perdido a la persona que sólo con su presencia nos hacía sentir bien a todos.

Sentía tristeza e impotencia, pero, al mismo tiempo, notaba que surgían sensaciones y sentimientos nuevos: "no podía ser para siempre", "los muertos no se van lejos de nosotros", "la muerte no es más que una puerta".

Cada día me rondaba más la idea de que Cati, sin quererlo ni buscarlo, me había puesto en contacto con la realidad del más allá. Y el más allá se iba acercando. O no sé si yo aproximándome a la realidad de la otra orilla.

Siempre había mirado el cementerio desde la distancia. Nunca imaginé que un día me acercaría allí con naturalidad, y menos aún, que sería capaz de estar largos ratos contemplando la tumba de un ser querido sin incomodarme, sino todo lo contrario, incluso sintiéndose bien. Era una manifestación de añoranza y amor. Un deber espontáneo que satisfacía. Más bien, una necesidad que necesitaba satisfacer. Gesto de amor.

Ahora, y a partir de la experiencia anterior, me posiciono ante la muerte sintiendo que está ahí, que forma parte de la vida. Distingo entre el hecho de morir y vivir muriendo. No es fácil aceptar ni lo uno ni lo otro, pero, aunque uno viva sin pensar en la muerte, vive muriendo, y quizás sin darse cuenta.

Pienso que la propia vida está programada de tal modo, que uno se va dando cuenta de la propia vulnerabilidad, de los límites, y los años ayudan a sentirlos en carne propia y en las relaciones sociales. La sensatez empuja a reflexionar sobre ello. A medida que he ido topando con ellos, más me he dado cuenta de mi finitud. Cati me hizo tomar conciencia, y pienso que la voy asumiendo e integrándola en mi vida. No es fácil, porque una cosa es el cuerpo que habla, y la otra el anhelo de infinito.

Tanto la muerte, como vivir muriendo, no son ningún obstáculo para vivir intensamente cada presente y valorando y potenciando todo lo que es vida y felicidad. Más bien al contrario, empujan a sentir la vida como un regalo y como una labor. Ayudan a vivir cada momento y potenciar vida. He descubierto el valor del ahora y del detalle. Vivo el sentido de la cotidianidad y la belleza de darme cuenta.

Me sitúo ante la muerte, como he dicho antes, viéndola como puerta que se abre hacia la plenitud deseada, buscada y vivida a tragos y momentitos durante la vida. Tengo fe en esto y me resisto a verla como un fin, pero soy consciente de que no dispongo de otra certeza más que la de la fe, y la de la intuición ante la muerte de un ser querido. Sin embargo, me impone respeto. Creo que sólo la fe en el amor de Dios Padre, como nos enseñó Jesús, permite abandonarse en sus manos amorosas.

La muerte no significa un "todo ha terminado", es algo en lo que necesito creer. La fe me pone en contacto directo con el misterio del "después". No es fácil razonar la posibilidad de una vida más allá, y mucho menos imaginar cómo será.

Se abre una lucha entre la resistencia a morir para siempre, y la sumisión de decir que todo termina por siempre. Parece como si fuera más fácil asumir el fin que buscar una salida al deseo de infinito. Parece más racional lo primero, pero, espiritual y emocionalmente, no satisface. Especialmente ante la muerte de personas jóvenes, o personas que podían aportar mucho a la humanidad, o, sencillamente, imprescindibles todavía para alguien. Es por esto que la cabeza me dice una cosa y el corazón otra.

LA MUERTE DE MI PADRE

Cuatro años después, tuve una nueva experiencia sobre el morir que también dejó huella en mí. Unos años antes había vivido la experiencia de ver el cuerpo de un ser querido que, súbitamente, a los veinticinco años, había dejado de existir; había perdido la capacidad comunicativa y creativa. Ahora se trataba de mi padre, de noventa años, el abuelo de Cati.

Era el atardecer de un día de julio. En una habitación de hospital, mi madre y yo, en silencio sepulcral, contemplábamos a mi padre que en la cama, con los ojos cerrados, y según pronóstico de los médicos, vivía sus últimos días.

Mientras le miraba, emergían en mi interior tantas y tantas vivencias compartidas con él. Una era la de la mañana del 31 de agosto del 2004, cuando quisimos abrir el ataúd, y ambos lloramos ante el cuerpo sin vida de su amada nieta Cati. También me hacía muchas preguntas.

De repente, abrió los ojos, y al vernos de pie a ambos lados de la cama, extendió los brazos con las manos abiertas hacia nosotros mientras decía: *"Acercaos y dadme vuestras manos"*. Apretándolas con la fuerza del cariño y de quien se quiere despedir, nos dijo: *"Esto termina"*.

Entonces intenté animarle diciéndole que quizás sería el fin de aquí, pero no el fin de todo. En todo caso habría llegado el momento de reencontrarse con sus seres queridos ya muertos: su madre, su padre, Cati...

Asintiendo con la cabeza, como quien espera que sea posible, me cortó diciendo: *"Ya, sin embargo, quiero que sepáis que me sabe muy mal tener que dejaros solos".*

Entonces vi al esposo protector de su mujer y al padre que había dado todo por sus hijos. Me di cuenta de que todavía se sentía necesario y amaba mucho. Esas palabras me llegaron al alma, y siguen conmigo.

Gracias a Dios, la misma noche salió de la crisis y fue mejorando. Los días siguientes, en el hospital, le dediqué mucho tiempo.

Puedo decir que me posiciono ante la muerte como una realidad que me acompaña y es tan cierta, como cierto es que no conozco ni el cuándo ni el cómo.

En otro tiempo, *l'ars moriendi* estaba presente. Hoy la muerte es alejada, se la teme, es un fracaso del sistema y es ocultada.

No vivo obsesionado por ella, sin embargo, la considero como un momento muy relevante dentro de la vida, y me gustaría poderlo protagonizar. Creo que no debe ser fácil, pero puede dar mucho significado al momento de morir.

Pienso que no se puede improvisar. Es fruto de haber tomado conciencia de ir muriendo día tras día, conciencia que lleva a una actitud positiva de vivir cada momento de manera intensa. Considero ese morir diario no como un fracaso, sino como un impulso a llenar de significado cada instante de la vida, momentos que nunca más volverán. Es este hacer que la vida continúe fluyendo, aquello de "si el grano de trigo no muere..."

Siento que la muerte súbita ahorra sufrimiento a quien se va, y sin duda traumatiza a quienes quedan. Tener la posibilidad y el coraje de despedirse puede enriquecer mucho a quienes se quedan y puede mostrar la grandeza de quien se va. Grandeza que no se improvisa, sino que es fruto del tiempo vivido.

Me posiciono ante la muerte como una tarea que, sin obsesionarme, hay que tener presente.

De las conversaciones que tuve con mi padre en el hospital aprendí muchas cosas: la enorme importancia de la presencia física y del acompañamiento espiritual en los últimos días; la necesidad de contar el relato de la propia vida y revivir momentos significativos; la posibilidad de preguntar sobre la otra vida y buscar respuestas; que le dolía más dejarnos solos que la idea misma de irse; que las visitas de familiares y amigos le llenaban de alegría; que sentía la necesidad de tenernos cerca y hablar abiertamente, incluso de detalles como el ataúd o el lugar donde quería ser enterrado, rechazando con cariño la incineración; que el mundo de valores en el que había vivido lo mantenía sereno; y que, cuando se sentía muy mal, aceptaba la muerte, pero al mejorar volvía la ilusión de planificar el futuro.

CÓMO ACOMPAÑAR

A partir de la experiencia de acompañar a mi padre, puedo resumir en cinco ideas clave cómo debería ser el acompañamiento espiritual en la enfermedad avanzada y también durante el duelo: la trascendencia, que abarca la relación con Dios, la religión y el mundo de valores; la vida con sentido, que implica recordar y contar la propia biografía; la paz y el perdón, logrando reconciliación y serenidad con uno mismo y con los demás, sin dejar asuntos pendientes; la presencia de las personas que importan, para sentir que las relaciones más significativas de la vida están en orden; y, finalmente, la esperanza y la confianza en el futuro, que permiten superar la posible tristeza, depresión o desesperación.

Transcribo ahora fragmentos de conversaciones que mantuve con él, a lo largo de los días que estuvo hospitalizado, de las que saqué las ideas antes expuestas, y que también fueron de ayuda para llevar bien mi propio duelo:

TRANSCENDENCIA

- Pedro, ¿por qué en el Credo decimos que Jesús bajó a los infiernos?

- (Me cogió fuera de juego, no entendía el motivo de la pregunta. Sonriéndole): *Padre, ¿no entiendes que Jesús bajara a los infiernos?*

- *Pues, no. Siendo tan bueno, ¿por qué tuvo que ir a un sitio de castigo? Imagínate dónde iré yo a parar.*

- (Ahora sí que entendía su razonamiento) *Irás a parar al cielo. Por eso precisamente Jesús bajó a los infiernos, para sacar a todos los que había y a los que irían a parar a él.* (Le seguí explicando el significado de este artículo del Credo, y al terminar me dice):

- *Impone respeto pensar en la otra vida.*

- *¿Sientes miedo?*

- *Prefiero estar con vosotros, pero, si ha llegado la hora, siempre he creído en Dios, y si está ahí, me acogerá.*

- *Pienso que no sólo está ahí sino que, con tus seres queridos, te espera.*

Seguimos hablando de temas religiosos y vivencias pasadas. Quedó tranquilo.

VIDA CON SENTIDO

- *Me da mucha alegría ver que vosotros, tú y tus hermanos, habéis sabido situaros bien en la vida. Además, sois buenos hijos. Habéis salido a vuestra madre.*

- *Padre, es que, ¿crees que eres malo? Has sido un buen padre con nosotros y un buen esposo.*

- *Yo, de joven, era poco juicioso y muy inquieto. No aguantaba en el pueblo y quise salir y arriesgarme.*

- *No fue malo irte del pueblo, siempre has dicho que sólo tenías dos posibilidades: trabajar la tierra de la familia, o dedicarte a la construcción según tu tradición familiar.*

- *A mí, el trabajo en el campo no me gustaba. En la construcción me sentía mejor, me gustaba y siempre quise mejorar mi trabajo y aprender. Por eso salí del pueblo. Pero no tuve suerte. Recuerdo el día en que mi tío Juan, que era un buen maestro de obras, estando en lo alto del andamio, debido a algún mal movimiento que debió hacer, perdió el equilibrio y cayó de una altura de cinco metros, justo delante de mí. Me agaché rápido a atenderle y (*le salen unas lágrimas*) cuando lo cogí vi que estaba muerto. Aquella desgraciada experiencia me impactó, además de perder a mi tío me quedé sin maestro. Me hizo pensar mucho, y desde entonces siempre quise superarme.*

- *Y así fue. Has conseguido mucho. Crear una familia y situarnos bien.*

- *Mi padre murió cuando yo tenía cuatro años. Nunca pude disfrutarlo. Mi madre fue una gran mujer, quedó sola con cuatro niños, yo era el segundo, y pese a ser tiempos difíciles, luchó por seguir adelante.*

- *¡Claro que sí! Recuerdo a la abuela como una mujer recta y luchadora. Sólo así podía sacar adelante a la familia.*

- *Sí. De lo que más contento estoy es de veros. Vuestra madre y vosotros habéis sido el sentido de mi vida. (*Se emociona*).*

*-Y para nosotros, el hecho de verte feliz da sentido a nuestra vida. (*Después seguimos hablando largamente*).*

PAZ Y PERDÓN

- *Papá, cuando piensas en tu pasado, ¿te sientes bien?*
- *Di muchos quebraderos de cabeza a mi madre, a tu abuela Bárbara.*
- *¿Quebraderos de cabeza?*
- *Sí, pienso que porque había perdido a mi padre de pequeño, mis tíos me sobreprotegieron y era un poco el juguete de todos. Esto hizo que me criara un poco caprichoso y aventurero. En consecuencia, el pueblo me venía pequeño.*

¿Tenías necesidad de salir y organizar tu vida fuera de casa y del mismo pueblo?

- *Sí, y lo hice. Algo que siempre me ha pesado es que, yo, como era hijo de viuda, no tenía necesidad de ir a la mili, y me presenté voluntario a los dieciocho años. A mi madre le sentó muy mal, y por añadidura, me tocó ir a la guerra.*
- *Piensas que con tu madre no te portaste bien...* (Silencio).
- (Con lágrimas en los ojos) *No... También cuando me casé mi madre me hizo una casa, y al cabo de pocos años la vendí para ir a vivir a Palma. Supe que ella se disgustó. Creo que, yéndome del pueblo la hice sufrir mucho* (llora).

- (Cogiendo sus manos entre las mías) *Padre, tú sabes que la abuela estaba orgullosa de ti, porque, aunque te arriesgaras, saliste adelante en una época difícil, y formaste una familia muy feliz. La abuela hace años que está con tu padre en el cielo y te perdona.*

- (Apretándome las manos y sonriendo) *Es muy hermoso, Pedro, acabar la vida perdonando y sintiéndose perdonado.*

PRESENCIA DE LAS PERSONAS QUE IMPORTAN

Un día, cuando entré en la habitación del hospital, mi madre me dijo que mi padre se sentía muy feliz porque no le habíamos dejado ni un momento. Entonces le dije:

- *Padre, ¿de verdad sientes que te queremos?*

- (Con mirada emocionada) *Estoy orgulloso de vosotros. Me siento muy feliz.*

- *Te sientes bien cuando estamos aquí a tu lado, ¿verdad?*

- *Mucho. Además, veo que los tres hermanos os lleváis muy bien. Y esto para mí es muy importante.*

- *Para ti es importante vernos aquí.* (Silencio).

- (Sonriendo) *Sí, y veo que sabéis poneros de acuerdo para que siempre haya alguno de vosotros conmigo y con tu madre. No nos dejáis solos.*

- *Es maravilloso sentirse acompañados.*

- (Con decisión) *Sí. Te aseguro que cuando uno está enfermo existe el peligro de la soledad no deseada, es cuando más compañía necesitamos.*

- *Sentirse enfermo y solo no debe ser nada agradable.*

- *Nada. Creo que cuanto más mayor soy, más necesito de vuestra presencia. Ayer también vinieron todos los nietos con sus hijitos y me dieron mucha alegría.*

ESPERANZA Y CONFIANZA EN EL FUTURO

Seguía contándome anécdotas de los bisnietos, cuando fueron a visitarle, y le dije:

- *Los niños son como luces que iluminan la vida.*

- *Son el futuro, Pedro, harán posible el mañana. ¡Ojalá puedan vivir felices!*

- *Debemos hacer lo posible. Vosotros, madre y padre, conseguisteis que los tres hijos tuviéramos una infancia feliz, y que, con vuestra ayuda, lográramos construir nuestro futuro.*

- *Estamos contentos de vosotros, de los nietos y de los bisnietos. ¡Cómo me gustaría ver crecer a los pequeños! Pero, ya me ves, estuve a punto de dejaros.*

- *Sí, nos diste un buen "susto"...* (sonriendo), *incluso nos hablaste del ataúd y de la tumba...*

- *Es que cuando uno está tan mal, incluso ve la muerte como un remedio.*

- *Y cuando sale de la gravedad y mejora, sueña con ver crecer a los pequeños.*

- Eso es, sí. Lo mejor es, estés como estés, aceptar lo que pueda venir con esperanza y confiando, aunque sea el morir. ¿No predicáis vosotros, los frailes, que hay otra vida?

Sonriendo nos abrazamos y seguimos hablando y planificando la salida del hospital.

Unos meses después, estando yo en Madrid, y después de veinte minutos de haber hablado por teléfono con mi padre, me llamó mi hermana para decirme que acababa de morir, mientras se acostaba en la cama para dormir: un infarto.

Después supe que al sufrimiento de mi madre de ver cómo mi padre acababa de morir en la cama, se añadía, movida por su fe, que yo no le hubiera podido dar la unción de los enfermos. Desde que había salido del hospital iba cada día a dormir con ellos, y justamente murió el día que me había ausentado, con su consentimiento, por trabajo.

Quedamos que volvería a casa a primera hora del día siguiente, y que no tendríamos prisa para las exequias y el funeral. Los teníamos que hacer dándonos cuenta de lo que celebrábamos, teniendo conciencia de lo que hacíamos y poderlo llevar a cabo con paz y serenidad, viviéndolo.

Mientras entraba en el cementerio, llevando el ataúd con el cuerpo de mi padre, tenía la sensación de devolverlo a sus raíces, al lugar donde reposaban sus seres queridos, al lugar que de joven había dejado siguiendo el impulso de buscar nueva vida, y ahora lo llevávamos de regreso a su hogar para que estuviese con los suyos.

Inesperadamente el corazón me dictó unas palabras que compartí con la gente. Después hicimos las plegarias exequiales y le colocamos en la tumba familiar.

Cuando volvimos a casa, entrando en la sala de estar y fijando la mirada en "su" butaca, viéndola vacía y pensando que nunca más se sentaría en ella, me dije a mí mismo: "Mi padre era más que aquel cuerpo que hemos dejado en el cementerio. Aquel hombre que, sentado en esta butaca, nos contó tantas cosas -él, que había vivido tanto y que siempre nos había contagiado de ilusiones y sueños-, y con quien habíamos hablado de éxitos, de miedos y de fracasos, era más que el cuerpo que habíamos inhumado. ¡Había tanta vida, amor y humor en él!". Y mirando el sillón, me preguntaba: "¿De todas aquellas vivencias, de tanto cariño y de tanta fe, qué se ha hecho de ellas? ¿Todo dentro de la tumba?". No, me resistía. Pensaba: "Somos más que un cuerpo que se corrompe". Me seguía preguntando: "Todo esto, que no se puede medir ni tocar, pero que se ha vivido y se siente, ¿dónde está ahora? Lo que hacía a mi padre diferente y único, lo que lo hacía él, lo que le daba identidad, ¿dónde está?"

Acabé diciéndome: "Somos más que un cuerpo mortal. He sepultado un cuerpo pero no la vida que había comunicado. No es sólo un recuerdo. Él sigue".

CUATRO COSAS IMPORTANTES

La muerte de mi padre me hizo reflexionar sobre la importancia de cuatro aspectos a tener en cuenta: la unción de los enfermos, no a las prisas, las exequias y el funeral.

La unción de los enfermos

Sabemos que los primeros cristianos dieron nuevo sentido a ritos paganos. Entre los romanos y los griegos estaba la costumbre de poner una moneda en la boca del moribundo o del difunto, a fin de poder pagar el viaje a la eternidad. Los cristianos cambiaron la moneda por la sagrada hostia, no para pagar el pasaje, sino como alimento del alma, viático, en su tránsito final. La lectura que debemos hacer hoy es entender que, cuando una persona ya es mayor o está enferma, vive momentos de debilidad, de novedad, momentos nunca antes vividos y que imponen respeto. Viene a la cabeza la posibilidad de morir, y puede sentirse una lucha entre el deseo de vivir y el de asumir la muerte. Son momentos en los que hay que saber estar cerca.

Hace unos años la Obra Social de la Caixa tuvo el gran acierto de formar EAPS (equipos de atención psicosocial). Tuve la suerte, mientras trabajaba en el Hospital de Sant Joan de Déu, de formar parte de uno de estos equipos: éramos un médico, dos psicólogas, dos traba- jadoras sociales y un servidor. Nos dieron formación a nivel de postgrado universitario. En esta formación nos dimos cuenta de la gran necesidad del acompañamiento espiritual.

La iglesia, la comunidad cristiana, ofrece un sacra- mento para este momento. Y la intención pedagógica es doble: por una parte, fortificar al enfermo en un momento de debilidad y, a veces, de lucha, miedo o dudas; por otra, reforzar la fe y la esperanza en la otra vida, y si llega el momento, encomendarse a los brazos del Padre, como hizo Jesús en la cruz.

No a las prisas

A veces me he encontrado con gente que cuando me han comunicado la muerte de un ser querido y les he pedido información sobre las horas de tanatorio, de las exequias y del funeral, me dicen: *"Rapidito, rapidito, si podemos hacerlo todo en un día mejor. Esto es nuevo para nosotros, estamos nerviosos, y queremos pasarlo cuanto antes"*.

Cuando me hablan así, siempre tengo la duda de si tienen prisas por acabar pronto, o si es que la muerte y sus consecuencias les incomoda. Es verdad que tenemos muchas ocupaciones, vivimos muy acelerados. Tenemos tanta prisa que ni siquiera tenemos tiempo para vivir el presente, pensándolo, reflexionándolo y meditándolo.

La pérdida de una persona querida nos ofrece la oportunidad de detenernos, de dedicarnos tiempo y aprender. Sí, aprender que no somos inmortales, que la muerte está ahí. No creo que las prisas, en principio, sean la mejor manera de despedir a un ser querido.

Las exequias

Según hemos visto antes, todas las culturas han revestido de misterio el morir y han acompañado al cuerpo del difunto hasta la tumba con diferentes ritos funerarios. Hay hallazgos de fósiles humanos de muchos años atrás, desde el despertar de la humanidad, que demuestran especial cuidado en los entierros.

Era habitual acompañar al difunto hasta el cementerio, una costumbre que todavía se mantiene en muchos pueblos de la Península. Creo que aquí, en Mallorca, desde que se dejó de llevar a los difuntos a la iglesia, hemos perdido esta tradición. Aquel era el último acto en el que la comunidad se reunía para despedir a uno de los suyos. Hoy solo nos queda depositar al difunto en la tumba o proceder a su incineración. Pienso que, aunque sea en la intimidad, sigue siendo un acto que merece ser respetado y vivido con recogimiento.

El funeral

Como vimos antes, los paganos tenían comidas fúne-
bres, y los cristianos conservaron esta costumbre, pero
le cambiaron el significado: la comida pasó a prefigurar
el banquete celestial. A partir del siglo III la sustituyeron
por la celebración de la Eucaristía, que en un principio
se hacía en el ámbito familiar y fue costumbre celebrar-
la en las tumbas de los mártires pidiendo su protección.
Es un ejemplo de ello la catacumba de San Sebastián.
Con el tiempo, estas eucaristías de despedida se abrieron
a toda la comunidad cristiana. A lo largo de los siglos, las
misas funeral han recibido distintas orientaciones y co-
rrecciones.

Siendo director del colegio San Francisco de Inca
asistí a dos funerales que no entendí.

Uno se debió a la muerte súbita del padre de un alum-
no de Bachiller. El difunto dejaba viuda y dos hijos ado-
lescentes. El celebrante durante toda la misa, incluida la
homilía, no tuvo ni una palabra dirigida directamente a
la viuda ni a los hijos.

La otra experiencia también fue a raíz de la muerte
de un padre que tenía cuatro hijos escolarizados en el
colegio, es decir, niños de entre seis y quince años. En
ese caso, el celebrante, durante la homilía, se dirigió a
los hijos y les dijo: "¿Sabéis por qué vuestro padre ha

muerto?" (Los niños y la viuda lo miraban con los ojos muy abiertos, sorprendidos). Y añadió: "Porque vuestro padre era una persona muy buena, y Dios se lo ha llevado con Él". Yo estaba concelebrando y aquellas palabras me hicieron sentir muy incómodo. No podía dejar de pensar en la imagen que se llevaría esa familia de un Dios que les quita al padre y esposo…precisamente porque era demasiado bueno.

Pienso que los funerales, por lo general, son momentos muy especiales en los que, sobre todo entre los familiares y amigos, hay mucho sentimiento, y también se hacen muchas preguntas. Es una circunstancia en la que la comunidad eclesial podemos ayudar mucho. Creo que es un deber sagrado acompañar en estos momentos. Se ha hecho desde los inicios del cristianismo, que seguían las costumbres propias de su entorno siempre que no se opusieran a la fe en la resurrección, que es el mensaje central que debemos transmitir. Y debemos hacerlo acomodándonos a los tiempos presentes y teniendo en cuenta las circunstancias de cada funeral.

Conviene tener una entrevista previa con los familiares del difunto a fin de que se sientan acompañados y para preparar la celebración del funeral. Por la experiencia que tengo, agradecen mucho este encuentro previo, y se inicia una relación especial con la familia, tanto si nos conocíamos como si no, ya sean practicantes habituales, ocasionales o no practicantes. Por supuesto, que dicho encuentro debe hacerse según todos los requisitos de quien habla con unas personas que viven el dolor por la pérdida de un ser querido: escuchando más que hablando, sin prisas, facilitando la ventilación emocional, intuyendo lo que más necesitan, que posiblemente será hablar del finado, de lo que significaba para ellos y cómo se sienten.

A la hora del funeral y de dirigirnos a los asistentes, especialmente en la homilía, conviene tener en cuenta que vivimos en un mundo muy secularizado y posiblemente muchos de los asistentes desconocen la terminología religiosa y el significado de las celebraciones cristianas. Esta realidad me lleva a dos consideraciones: la primera, es que debemos hablar un lenguaje sencillo y que llegue al auditorio; y la segunda, es una oportunidad para transmitir el mensaje cristiano. Por tanto, debe haber una preparación previa para poder transmitir el mensaje que, según el diálogo que hayamos tenido antes con la familia del difunto, pueda ser el más adecuado desde el punto de vista humano y cristiano.

EN EL HOSPITAL DE SON ESPASES

En el año 2011, cuando abrieron el hospital de Son Espases, Mossèn Lluc Riera, entonces Vicario General de la Diócesis de Mallorca, me preguntó si podría atender pastoralmente el nuevo hospital, junto con Mossèn Miquel Serra y el P. Llorenç Caldentey.

Nos embarcamos en una aventura que fue muy interesante, en la que invertimos tiempo, coraje, sacrificio e ilusión. Prácticamente empezamos de cero. Además de la fe en el trabajo que hacíamos, nos movimos con mucha prudencia y con estrategias inteligentes desde la humildad, sabiendo estar, sabiendo ser y sabiendo hacer.

Para mí fueron nueve años durante los que tomé conciencia de la vulnerabilidad y de la finitud humanas. Como ya he dicho antes que los vivos cierran los ojos a los muertos y los muertos abren los ojos a los vivos, me serviré de situaciones y conversaciones que mantuve con enfermos y familiares para poder compartir mi experiencia.

Lo primero que descubrí, al recorrer habitación tras habitación visitando a los enfermos, fue cuánto valoraban la visita: no solo el paciente, también sus familiares. Con el paso de los días comprendí que, al reflexionar sobre la muerte y el proceso de morir, debemos considerar múltiples circunstancias: la edad, si ocurre tras un accidente, después de una larga enfermedad, de forma inesperada, repentina o como un desenlace previsto.

A continuación narraré algunas visitas, como ya he dicho en la presentación. De unas aprendí lo que conviene hacer; de otras lo que se debe evitar.

LA BELLEZA DE PODER MORIR EN CASA

Tengo grabada la imagen de aquel joven, Enric, que me dijo:

- *Me gustaría hablar contigo, porque como recordarás, hace siete años me preparé para la primera comunión, y no llegué a hacerla. Durante estos años he pasado por cierto agnosticismo, normal a nuestra edad, pero ahora he llegado a la convicción de que algo tiene que haber, la vida es un misterio y necesito creer. ¿Podrías darme la primera comunión?*

-Me emocionas - le contesté- pero dentro de este proceso de búsqueda que has vivido durante estos años, ¿qué ha sido lo que te ha ayudado a tomar esta decisión?

- Tú conocías a mi abuelo (con lágrimas en los ojos).

- Sí, le apreciaba. Era muy buena persona y un creyente comprometido.

- Pues, estando enfermo en casa, se puso muy mal y murió en mis brazos. En ese momento sentí que debe haber un más allá, un después; y decidí hablar contigo.

Nos dimos un abrazo y seguimos hablando.

Cuento este caso porque en el hospital veía que había enfermos totalmente solos, otros medio acompañados y otros muy acompañados. Me preguntaba sobre las ventajas de poder morir en casa, ya que es un debate abierto, y pienso que es un buen deseo pero no siempre realizable. La muerte y el hecho de morir se han profesionalizado, y esto es bueno, pero se ha de evitar la deshumanización. En los países desarrollados, cada vez más se muere en los hospitales, aunque la atención hospitalaria en domicilio cada día toma más fuerza.

En cuanto al hecho de morir en casa, es necesario tener en cuenta diversos factores. Por un lado, las razones psicológicas tanto del enfermo como de su familia: el miedo a la muerte, la incertidumbre sobre si podrán brindar una atención adecuada, entre otras. Por otro, las condiciones sociales, como la situación familiar, que hoy suele ser más reducida y con miembros ocupados, además de los espacios limitados del hogar. También influye la atención sanitaria disponible, aunque, como mencioné antes, cada vez avanza más hacia el ámbito domiciliario. Y, por encima de todo, debe respetarse el deseo del enfermo.

Me parece importante que, sea en el hospital o en casa, el enfermo se sienta acompañado, entre los suyos, y los suyos aprovechen para aprender de él, vivir en conciencia el momento y sacar reflexiones que ayuden, como hizo Enric.

MUERTE Y AMOR

En el hospital celebré algunos matrimonios. Expondré dos casos: en el primero, era ella, Norma, a la que le quedaban sólo meses de vida; en el segundo, era él, Willy, a quien le habían pronosticado morir en pocos meses.

Con frecuencia solía visitar a Norma, una chica simpática y llena de ilusiones. Había dejado su Argentina natal y había venido a Mallorca para abrirse nuevos caminos. Hablamos con mucha frecuencia y, a veces, cuando Miquel, su novio, estaba presente, conversábamos los tres. Se querían mucho. El amor les acompañaba. Norma pasaba etapas ingresada y otras en casa. Había observado que cada vez venía peor. Un día me dijo:

- *Pere, ¿tú crees que podría casarme aquí dentro del hospital?*
- *Aquella pregunta me encogió el corazón. Supongo que ella lo notó, y dijo:*
- *Pere, no te lo esperabas, ¿verdad?*

(Sonriendo y con voz firme) *Tú y Miquel os queréis mucho.*

- (Se le iluminaron los ojos y abriendo los brazos)
¡Muuuucho! ¡No te puedes imaginar cuánto! No sé qué puedo hacer por él. Cada día cuando termina el trabajo viene aquí a pasar la noche conmigo. Quiero que sepa que le quiero y le propondré casarnos, ya que esta era nuestra intención. Pero todo cambió a raíz de sentir dolor en un dedo, como te conté, y ya ves, cada día estoy peor. Pere, ¿tú bendecirías nuestro matrimonio?
-*¡Claro que sí!*

En aquel momento entró Miquel y sentí que éramos cuatro, Norma, Miquel, el amor y yo. Vi que ambos ansiaban la boda. Hablamos, programamos, vimos posibilidades, y les dejé que siguieran soñando. Quedamos que seguiríamos charlando.

Salí con la sensación de que estaba a punto de cumplirse lo que ambos habían deseado. La muerte se había atravesado, pero el amor se manifestaría antes de morir. Dentro de la capilla pedí a Dios que nos ayudara. Veía que no sería fácil.

Los días siguientes seguimos conversando, pusimos fecha y preparamos la celebración. Y llegó el día. Los familiares, los amigos y los sanitarios, en la capilla, vimos cómo Miquel, acompañado de su madre, se colocaba delante del altar. Mirando hacia la puerta de entrada, se le veía feliz. Inmediatamente, apareció Norma vestida de novia y acompañada de algunas enfermeras. Sólo pudo dar dos pasos, necesitó la silla de ruedas, pero no dejó de reír y esparcir felicidad. Fue una ceremonia muy emotiva y un homenaje al amor.

Después de unos meses, celebré el funeral por Norma, y acompañé a Miquel en su proceso de duelo.

La boda de Willi y Consuelo también fue prueba de la fuerza del amor. Ya tenían dos hijas, de catorce y diez años y un hijito de cuatro. El motivo de casarse era que Willi necesitaba demostrar el amor que sentía hacia Consuelo, quien le cuidaba con mucha atención, y la mejor manera era, aunque supiera que tenía los meses contados, darle ante los amigos y familiares y ante Dios, la promesa que por distintas circunstancias no le había podido hacer antes de manera oficial, con la celebración del matrimonio católico.

Los humanos tenemos tres palabras que nos abren al misterio: nacimiento, enamoramiento y muerte.

LA SUEGRA Y EL YERNO

Este fue un caso muy curioso. Jerónima, de ochenta y siete años y viuda, estaba mal, un diagnóstico de gravedad, pero aun así estuvo un mes en el hospital. Generalmente, quien estaba con ella durante el día era Tòfol, el yerno. Siempre bromeaba con ella diciéndole que debía estar muy satisfecha del yerno que tenía, y a él que debía querer mucho a la hija de la suegra.

Pasando los días veía que Jerónima iba empeorando, y se lo dije a Tòfol. Él, todo serio, me dijo:

- *Ya lo sé, pero no te atreverás a decírselo.*

Cada vez que iba a visitarla, él me hacía señas de que no le dijera nada.

Cuando daba la mano a Jerónima, ella expresaba mucha alegría y consuelo. Pero fui notando que tiraba de mí con intención de decirme algo en voz baja. Mientras, a sus espaldas, Tòfol me hacía señas para que no le dijera nada. Ya algo cansado, un buen día dije:

-Tófol, veo que quieres mucho a tu suegra. ¿No has visto que quiere hablarme al oído?

-Sí, pero no quiero que le digas que está muy mal.

-Mira, cuando una persona está mal, como dices, piensa en la muerte, siente que se va. Y Jerónima se da cuenta de que está terminando.

-¡No digas esto! La cuidamos todo lo que podemos para que esté bien y no sufra.

-Sí, es verdad, la cuidáis muy bien. Se ve que la queréis, y te felicito por el tiempo que le dedicas y las atenciones que tienes con ella.

-Yo estoy muchas horas aquí, con ella, porque su hija, Margalida, lo tiene más complicado a causa del trabajo.

-Sí, lo entiendo. Pero déjame hablar un ratito con ella, no le diré nada; deja que me hable tranquilamente. Sólo escucharé.

-Bueno, mañana cuando vuelvas a visitarla os dejaré tranquilos, pero no saldré, me quedaré en la habitación.

Al día siguiente, a primera hora, Tòfol me llamó pidiendo que, por favor, fuese a dar la unción de los enfermos a Jerónima. Se había puesto muy mal y le habían dicho que eran ya los últimos momentos. Fui y ni miraba ni hablaba, estaba dormidita. Miré a Tòfol y le caían unas lágrimas.

Rezamos, le di la Unción. Hablamos un poco Tòfol y yo, y salí sin saber si era Tòfol el que negaba que Jerónima estaba grave o si era una conspiración de silencio.

Generalmente cuando un enfermo está para morir, siente la muerte y su soledad, pero se calla. La familia, que lo sabe porque los médicos lo han dicho, calla para no hacer sufrir al paciente. Éste es un comportamiento muy humano, vivido con la mejor intención. Sin embargo, no deja de ser una huida hacia delante, una realidad que genera impotencia, vulnerabilidad, miedo, tristeza y soledad.

La conspiración o pacto de silencio es un acuerdo implícito o explícito entre familiares y profesionales sanitarios de ocultar o distorsionar la información al enfermo para evitarle el sufrimiento de sentir la muerte cerca. Se dice que sólo un 21% de las personas al final de su vida están informadas de su diagnóstico y pronóstico.

En el caso de Jerónima, la sensación que me quedó es que ella intuía su estado de gravedad, y tenía necesidad de aclarar la situación. Posiblemente, como confiaba mucho en mí, deseaba compartir conmigo sus sentimientos. Buscaba respuestas a sospechas. Pienso que no podemos por cuenta nuestra expropiar a nadie de su derecho a saber su situación y decidir cómo morir.

En el hospital he visto casos de enfermos terminales en los que los familiares mantenían opiniones diferentes. Algunos optaban por hablar con franqueza sobre la situación, mientras que otros preferían ocultar la verdad, como ocurrió con Jerónima. Creen que así evitan conflictos emocionales, pero lo cierto es que el enfermo suele sospechar: percibe actitudes extrañas y nota que sus preguntas quedan sin respuesta. Esto genera malestar, sensación de soledad y aislamiento. Además, tampoco es una situación fácil para la familia. Al actuar de este modo, se priva al paciente de la oportunidad de despedirse y de resolver asuntos pendientes, si los hubiera.

MARGALIDA Y SU FAMILIA

Me vienen a la cabeza muchos casos, pero de manera especial el de Margalida. Mujer de cuarenta y cinco años, casada y con cuatro niños, el mayor de dieciséis años. Un día me dijo:

-Pere, ¿no notas que voy empeorando?
-Tú, ¿lo sientes así? ¿No te encuentras bien?... Tu manera de mirar y de hablar es de una persona vitalista y activa. Visito enfermos que aparentemente están más allá que aquí, a ti te veo bien.
-Sí, hago un gran esfuerzo por mantenerme como siempre he sido, alegre, soñadora... (Silencio).
-Lo haces muy bien, Margalida, y quieres mucho a Joan y a vuestros hijos.
-(Con las lágrimas en los ojos) *Sí, Pere, si no fuera por ellos, ya me habría ido. Como sabes tengo metástasis muy avanzada y no puedo morir...* (Abriendo los brazos y mirando hacia arriba) *¡Qué será de Joan y de los niños!*
-(Cogí una silla y me senté a su lado) *Eres muy valiente, Margalida, sabes el estado avanzado de tu enfermedad, y sacas fuerzas de flaqueza porque el amor a los tuyos te da coraje para luchar contra el cáncer.*
-Sí, sin embargo, hoy he pasado mala noche, y le he dicho al médico que me dijera cuál es mi pronóstico. Como después de tantas hospitalizaciones y altas ya tenemos confianza, me ha dicho que el mal irá aumentando, y ya hay poco que hacer... (Me coge la mano y llora).

-(Después de un largo silencio) *No sé qué decirte, Margalida. ¿En qué puedo ayudarte?*

-*Estando aquí, junto a mí... Soy yo la que tengo que pensar lo que tengo que hacer. Hoy por la tarde vendrá Joan con los niños, y no me pueden ver triste.*

-*Margalida, ¿tus hijos saben la verdad sobre tu enfermedad?*

-*El mayor, que ya tiene dieciséis años y María, que tiene catorce, hablaron con Joan y saben que estoy muy delicada. Margalideta y Joanet, por la cara que ponen, sospechan... y no sé qué debo hacer, tienen diez y ocho añitos. Sólo pienso que a estas edades, tanto los mayores como los pequeños, es cuando más me necesitan...* (Me aprieta la mano y llora).

-*Margalida, gracias por tu confianza. Si quieres te seguiré visitando y según veas, tú misma decidirás lo que quieres hacer según te sientas de salud y ánimo. Cuenta conmigo...* (Me levanto porque llaman a la puerta) *¡Adiós, hasta mañana!*

-*Gracias a ti, Pere, por tu paciencia y porque puedo sentirte a mi lado. Mañana hablaremos. ¡Adiós!*

A la mañana siguiente estaba más tranquila, pero había pasado mala noche; el dolor iba en aumento, la morfina no bastaba. Hablamos largamente sobre la muerte. Más que el morir le preocupaba abandonar a los suyos, dejarlos solos. Y en un momento de rabia e incorporándose un poco me dijo levantando la voz:

- ¿Qué debo hacer, Pere?

Estuvimos un rato en silencio, los ánimos se calmaron y seguimos hablando. Justo entonces llegó Joan. Hablamos los tres y quedamos que sería bueno informar del estado de Margalida a los cuatro niños y prepararlos para, cuando llegara el momento y quisieran, hacer una ceremonia de despedida. Les dije que entendía que era una tarea muy difícil y que contaran conmigo.

Eran una familia creyente, buenos cristianos, y tenía fe en que iría bien. Después de dos semanas, hicimos la ceremonia de despedida de forma muy adaptada a los niños, con mucha expresión de cariño, y de agradecimiento. Fue muy emotiva y se entremezclaron oración, lágrimas y amor. A los pocos días murió Margalida.

En este caso, en que no había conspiración de silencio, Margalida controló sus últimos días, era gestora de su destino, asumió la muerte y le dio un significado desde su fe, compartiéndola con sus familiares y amigos.

El caso que acabo de exponer me ha traído a la cabeza que, de vez en cuando, es noticia la intención de quitar a los curas de los hospitales. La verdad es que no tengo recuerdo de haber molestado nunca a nadie. También es verdad que dentro de un hospital se deben tener los tres saberes: saber hacer, saber estar y saber ser.

Da satisfacción ver que existen enfermos con fe y que piden un acompañamiento espiritual. Sin embargo, no todos son creyentes, y para estos nuestra presencia también puede ayudar, eso sí, desde la humildad y respeto.

LA MUERTE GENERA PREGUNTAS

Me viene a la cabeza el caso de Filippo: se trata de un ciudadano italiano, de Sicilia, ya entrado en años, que había venido a España en los años setenta. Nunca me aclaró exactamente a qué, pero por lo que me comentaba, era por asuntos de terrorismo y de mafia. Él, desde el principio, me había manifestado que no creía en Dios y que no temía la muerte, pero que nos podíamos ver y conversar, y así lo hacíamos. Un día tuvimos la siguiente conversación.

-(La habitación estaba abierta y él estaba sentado en el sillón; su compañero de habitación no estaba) *¡Hola, Filippo! ¡Buongiorno! ¿Cómo estás esta mañana?* (Sabía que le gustaba que le hablase en italiano).

-*Oggi non mi sento bene* (Tenía una pose triste, decaída).

-*Perdona, Filippo, solo quiero saludarte. No quiero molestarte. Si puedo ayudarte en algo, me lo dices.*

-No, no molestas. Hoy siento tristeza. Siéntate. (Me senté en la cama).

-(Indicándole la ventana) *Mira Filippo, hoy el sol no brilla, está nublado y amenaza tormenta; aquí en el hospital, también los enfermos tienen días grises, parece que falta luz.*

-*Sí, pero tú sabes que siempre soy una persona positiva y valerosa.*

-*Sí, ¿y hoy?*

-(Bajando la cabeza y mirando hacia el suelo) *Por lo que me dicen los médicos mi estado es de gravedad. Hoy siento miedo, y eso nunca me había pasado.*

-*Tú, por lo que me has contado de tu vida, has pasado por muchas situaciones difíciles, y siempre has salido adelante…* (Silencio).

-(Levantando la cabeza y envalentonándose) *Sí, Pere, he arriesgado la vida muchas veces, pero, ¿por qué ahora siento miedo?*

-*Imagino que cuando a uno le dicen que está grave, una de las cosas que le viene a la cabeza es la muerte.*

-(Con decisión y levantando un poco la voz) *Nunca he tenido miedo a la muerte, ¡y la he sentido cerca muchas veces!*

-*Sí, sé que siempre has sido un hombre valiente, pero como has dicho que sientes miedo, he pensado que lo desconocido siempre genera inquietud.*

-*Lo desconocido, ¿a qué te refieres?*

-(Con la máxima delicadeza por mi parte) *Para mí morir es como entrar en un lugar desconocido, y me impone respeto.*

-*¿Tú piensas que tengo miedo a morirme?*

-No lo he dicho, pero puesto que hablamos de ello, me gustaría saber qué piensa de la muerte un hombre como tú.

-Mira, Pere, pienso que con la muerte acaba todo.

Seguimos hablando un buen rato, y me fui pensando que Filippo estaba pasando un mal momento.

No estamos educados para hacer frente a la muerte. Hoy en día vivimos de espaldas a ella. Antes se moría en casa y se sentía el cariño de las personas queridas; ahora se muere en los hospitales y a menudo entre tubos y soledad.

Filippo nunca me habló de su familia, ni vi que nadie le visitara. Era muy sociable y hablaba con los demás enfermos, pero le sentía solo.

Aquella tarde de tristeza entremezclada con miedo, veía que en su proceso de morir, vivía la primera reacción que suele tenerse tras el golpe que produce la noticia de una enfermedad grave: la negación. Es un momento de ofuscación de ideas, de no creer que sea posible, pensar en la posibilidad de que se hayan equivocado. Es un momento de perturbación.

Los días siguientes le seguí visitando, y parecía más tranquilo. Hablamos, pero no de la enfermedad, ya que notaba que hablando de su vida pasada se sentía más cómodo. Después de una semana, caminando por el pasillo donde él estaba, le vi de pie junto a la puerta de su habitación, vestido como si tuviera que salir, y tuvimos la siguiente conversación:

-(Acercándome) *Filippo, ¡pareces un chico guapo de la hermosa Italia!*

-(Sonriendo) *Me han dicho que tengo que ir a otro hospital.*

-*¿A qué hospital?*

-*No recuerdo el nombre, me han dicho que allí estaré mejor atendido.*

-(Sospechándomelo) *¿Joan March?*

-*Sí, éste.*

-(Sentía el deber moral de hablar con él, y el pasillo no era el mejor sitio) *Filippo, entremos en la habitación, que deseo hablar contigo, ¿te parece?*

-*¡Claro que sí! Entremos, al compañero de habitación le han dado el alta, y estaremos solos.*

-(Sentados uno frente al otro) *¿Te han explicado el por qué te cambian de hospital?*

-*Me han dicho que aquí no pueden hacer otra cosa por mí. La enfermedad está muy avanzada, y allí podrán atenderme mejor. ¿Irás a visitarme?*

-*Me gustaría mucho ir a verte, haré todo lo posible. Pero ahora, antes de despedirnos, me gustaría saber cómo te sientes...* (Silencio).

-(Mirándome fijo) *Pere, te seré sincero. ¿Recuerdas que hace unos días, cuando viniste a visitarme, te dije que sentía miedo?*

-(Sonriendo) *Sí, ¿miedo a morir? Te pregunté, y te* enfadaste. *Me dijiste que a la muerte le habías sentido cerca muchas veces debido al trabajo que hacías y nunca habías sentido miedo.*

-*Sí, ha sido así. Pues ahora siento una mezcla de miedo, de tristeza, de perturbación, me parece imposible que tenga una enfermedad grave, también siendo rabia...* (Le caen unas lágrimas... Silencio).

Seguimos conversando un buen rato. Quería evitar que Filippo fuera al otro hospital bajo la presión de la rabia. Había superado la negación y había pasado a la rabia. Mi intención era que, sin caer en el desánimo, asumiera en paz su realidad. Creo que lo conseguimos, porque, cuando nos avisaron de que la ambulancia ya estaba lista para el traslado, nos levantamos y, mientras nos dábamos el abrazo de despedida, me dijo flojito al oído:

-*Pere, gracias y reza por mí, por si hubiera algo más allá.*

Me hubiera gustado poder ir a visitarlo, pero no fue posible. No hubo tiempo.

De aquella experiencia aprendí lo importante que es que el enfermo se sienta acompañado. Saber qué piensan o sienten las personas gravemente enfermas o con lesiones importantes. Evidentemente, no existe una respuesta única. Lo único seguro es que todos los pacientes experimentan en mayor o menor grado algún tipo de reacción psicológica, positiva o negativa, cuando sufren lesiones o enfermedades graves.

ATENDIENDO A ESCONDIDAS

Un día se acercó una mujer y me dijo:

-¿Es usted el cura del hospital?

-Sí uno de los tres (le contesté).

-Mire, tengo un problema. Aquí, en la habitación, está mi madre, y nos han dicho que le quedan pocos días de vida. Me gustaría que pasara a conversar con ella.

-Si ese es el problema, ya está resuelto.

-No, el problema no es éste, el problema es que mi madre es muy religiosa y mi hermano no quiere oír hablar de religión. Si llegara estando usted dentro de la habitación, lo echaría.

-¡Uy! Tu madre tiene un hijo un poco rebelde, pero ¿ahora puedo entrar?

-Sí, hasta dentro de un rato no volverá, tenía unos trabajos en Palma. De todas formas me quedaré fuera por si lo veo, y le avisaría.

-(Riendo) *Dios es bueno, irá bien.*

Entré en la habitación y cuando le dije que era el cura, abrió los ojos como platos y le brillaban de alegría. Me cogió las manos y me dijo:

-¡Qué contenta estoy de que haya venido!

-*Y yo también de conocerla, me recuerda a mi madre. Veo que tiene una estampita y un rosario sobre la mesilla.*

-*Sí, pero cuando viene mi hijo, me dice que lo de rezar son tonterías.*

-*¿Y usted qué piensa de eso que le dice?*

-*Le digo que él haga lo que quiera, pero que a mí me deje seguir con lo que siempre he creído.*

-*¿Le ayuda creer?*

-*Sí, mucho, y ahora que me dicen que estoy mal, ¿me podría dar la unción de los enfermos? Me gustaría morir cómo murió* (Emocionándose) *Pep, mi marido, era muy buena persona* (Unas lágrimas, silencio)…

-*Claro que sí, hablaré con su hija y nos pondremos de acuerdo.*

En ese momento, entró la hija, Antonia, y me avisó de que venía su hermano, Tomeu. Me despedí de su madre, y le dije que quedara tranquila, que volveríamos a vernos. Me apretó la mano y me pidió que rezara por su hijo.

Con Antonia, la hija, pusimos fecha y hora para la unción, y claro, lo hicimos a escondidas del hijo. ¡Qué pena! Porque su madre recibió la unción y comulgó con tanta fe y alegría, que contagiaba paz y ayudaba a ver la muerte como un tránsito hacia el encuentro con Dios y su amado Pep. Era lo que pensaba de su morir.

Mientras salía de la habitación y caminaba por el pasillo me preguntaba: ¿Por qué somos tan radicales? ¿Por qué nos cuesta tanto respetar la fe de quienes nos han dado la vida?

LA RABIETA DE UNA JOVEN EN LA UCI

Un caso parecido al anterior, me sucedió en un box de la UCI. Me avisaron y fui. Era un señor mayor, al que ya tenían que quitarle la respiración asistida y posiblemente moriría en poco tiempo. Se trataba de una persona creyente y también lo era su familia. Cuando entré, había cinco personas alrededor de la cama. Me presenté y también ellos lo hicieron. Eran su esposa, un hermano del enfermo, dos hijos y una nieta de unos veinte años. Hablamos un poco del paciente y decidimos iniciar la ceremonia de la unción. Empezamos y cuando hice la señal de la cruz en el Nombre del Padre, del Hijo y del Espíritu Santo, la nieta, como si fuera una posesa, empezó a decirme que parara, que no siguiera. Me detuve, la miré a ella y a los demás. Uno de los hijos la sacó de la UCI. Me pidieron disculpas y que por favor siguiera. Fue una situación un poco extraña y para calmar a la familia les dije que posiblemente la nieta amaba tanto al abuelo que no quería que muriera, y para ella mi presencia era como una sentencia de muerte. De nuevo pidieron disculpas, destensamos la situación, rogamos y encomendamos a Dios a Enrique.

Cuando salía de la UCI, miraba si me encontraba con la nieta por el pasillo, porque me hubiera gustado hablar con ella.

Yendo hacia el despacho me preguntaba si la nieta debía de tener una actitud hostil hacia la religión o si creía que mi presencia acercaba la muerte a su abuelo, que no quería que muriera. Realmente, en los hospitales se piensa que el trabajo de los curas es "pegar el último empujón".

La mayoría de centros sanitarios disponen de capellanes desde hace muchos años, disponibles a cualquier hora para aquellos pacientes que necesiten acompañamiento espiritual o recibir sacramentos, como la comunión, la confesión y la unción de los enfermos.

Pienso, por la experiencia que tuvimos en Son Espases, que debemos ir más allá. Las funciones de los curas de hospital, sin dejar de lado el servicio religioso, también deben ofrecer un apoyo emocional y psicológico, para el que debe haber una preparación previa.

Creo que la función del cura ha cambiado mucho en los últimos años. Tiene que haber una adaptación a cada situación y ofrecer el acompañamiento más adecuado a la situación, necesidad y peticiones de los pacientes y familiares.

ME DIERON LA MEJOR LECCIÓN SOBRE LA FE

Iba caminando por los pasillos de hospitalización y me topé con una pareja de mediana edad. Les saludé y ésta fue la conversación:

-*¡Buenos días!*

-*¡Buenos días!* (Después de mirarse y hablar bajito entre ellos) *Perdón, usted es el Padre Pere Ribot.*

-*Sí, ¿y de qué nos conocemos? ... Ahora reconozco sus caras.*

-*Claro, nuestro hijo estudiaba en el colegio, y usted era el director.*

-*¡Ohhh!! ¡Cómo pasa el tiempo, y uno llega a ver a tanta gente! Perdonad que no os haya reconocido antes. ¿Puedo ayudaros? ... ¿Tenéis algún familiar hospitalizado?*

-*Sí, ¿recuerda a nuestro hijo Marc?* (Silencio. El esposo le coge la mano y los dos lloran).

-(Retirándonos a un espacio más tranquilo) *¿Marc está enfermo?*

-*Sí, muy mal, de ésta no saldrá...* (Silencio).

- *¡Uffff! Estas cosas no deberían pasar. ¿Accidente o enfermedad?*

-*Leucemia,* (Negando con la cabeza). *Y ya no hay nada que hacer.*

-*He quedado sin palabras...* (Silencio y respirando profundamente) *¿En qué habitación está? ¿Puedo pasar a visitarlo?*

-¡Claro que sí! Vaya. Es la habitación 327. Ahora están con él unos amigos. Le esperaremos fuera.

-Gracias, ahora voy. Después nos vemos.

Fue una visita que me impactó. Marc, pálido y muy delgado, me reconoció, así como sus amigos de colegio que rodeaban su cama. Agradecido, había sacado fuerzas para sonreír. Yo sentía que contrastaban aquellos dientes blancos, en un rostro casi cadavérico, con la vitalidad y salud de sus compañeros. No era justo, me decía a mí mismo. Hablamos y recordamos los años de colegio un rato, y viendo que Marc estaba cansado debido a su estado, me despedí apretándole fuertemente la mano, mientras miraba a sus compañeros, entristecidos, pero con sueños y promesas de futuro.

Fuera esperaban sus padres, y tuvimos la siguiente conversación:

-Me ha impactado ver a Marc, ha perdido mucho peso. Me ha levantado el ánimo ver que me ha reconocido y ha sacado fuerzas de la debilidad por sonreír. ¿Es consciente de lo que tiene?

-Sí, él ve que está muy mal, y tiene momentos... (Silencio, lágrimas)

-(Retirándonos a un espacio más apropiado al final del pasillo) *Debe ser muy difícil acompañar a un hijo en estos momentos...*

-*¡Mucho, Pere, mucho! Aquí tenéis una capilla y venimos con frecuencia.*

-(Dudando y curándome en salud) *¡Ojalá Dios hiciera un milagro! Pero... ¡veo tan pocos!*

-(Cortándome) *Ojalá, como dices, hubiera un milagro, y es natural que nosotros lo pidamos, pero también sabemos que lo que tiene es muy grave y no tiene remedio. Ir a rezar nos da serenidad y fuerza para vivir estos momentos acompañando a nuestro hijo en paz y sin desesperar, mientras aguante.*

-*Os aseguro que si no fuera porque estamos en un lugar abierto, me arrodillaría para daros las gracias por la mejor lección de fe y resiliencia que acabáis de darme.*

-*Gracias a ti, Pere, nos seguiremos viendo* (Estaban saliendo los amigos de la habitación y fueron a despedirles).

Mientras me dirigía caminando, poco a poco, hacia la capilla, en la que oraban los padres de Marcos, iba pensando en la madurez de fe que hace falta tener para asumir un golpe tan fuerte como es acompañar a un hijo hacia sus últimos momentos, sin renegar de Dios y sintiendo que da fuerza para seguir.

Me vinieron a la cabeza, casos de personas que venían a la capilla a rezar. Unos, con suerte, salían como si hubieran logrado un milagro; otros, con no tanta suerte, asumían la triste situación sin perder la fe. Mientras, algunos se rebotaban contra Dios.

A mí siempre me ha ayudado la contemplación de Jesús rezando en el Monte de los Olivos: *"Padre, si quieres, aleja de mí este cáliz. Pero que no se haga mi voluntad, sino la tuya. En medio de la angustia, él oraba más intensamente, y su sudor era como gotas de sangre que corrían hasta el suelo."* (Lc 22, 42.44)

También me ayuda meditar cuando Jesús en la cruz, antes de morir, exclamó: *"Dios mío, Dios mío, ¿por qué me has abandonado?"* (Mt 27,46; Mc 15, 34); *"Padre, en tus manos encomiendo mi espíritu"* (Lc 23, 46); y *"Todo se ha cumplido. E inclinando la cabeza entregó su espíritu."* (Jn 19,30).

Es muy humano, ante una desgracia, preguntarse *"Dios mío, ¿por qué, y por qué a mí?"*. Pienso que es signo de mucha madurez de fe cuando añadimos a este lamento: *"Dios mío, ¿qué puedo aprender de lo que me está sucediendo?"*.

UNA EXPERIENCIA CERCANA A LA MUERTE

Entrando en la capilla, vi que había una señora de unos cincuenta años sentada en uno de los bancos, con los ojos cerrados y en profunda meditación. Aunque traté de pasar sin hacer ruido, ella se volvió, me miró a los ojos, y ésta fue nuestra conversación:

-*Hola, ¡buenos días! Mi nombre es Pere, soy uno de los curas del hospital, perdone que la haya distraído. Parecía que estaba orando muy concentrada.*

-*¡Buenos días! Soy Magdalena, me gusta venir aquí a orar.*

-*¿Puedo ayudarle de alguna manera? ¿Tiene algún enfermo aquí o viene por consultas externas?*

-*¡No, gracias!* (Sonriendo) *Ni lo uno ni lo otro. Yo estuve enferma, y desde entonces siento necesidad de venir a orar. Tuve una experiencia que provocó en mí un cambio, y me siento muy bien cuando vengo aquí.*

-*Uy, ¡qué bien! Perdone que la distraiga, pero me parece muy interesante lo que dice. Si no la molesto, ¿podríamos hablar de esta experiencia?*

-*No creo que le interese, además, a las pocas personas que he hablado de ello no me acaban de creer.*

-*Pues sí que me interesa, es bueno saber todo lo que se vive en el hospital para poder acompañar mejor a los enfermos. Aprendo de cada uno de ellos. Pero no quiero obligarla.*

-(Con decisión e indicándome su banco) *Siéntese, le contaré. Tal vez le pueda ayudar a entender si alguien vive lo que yo viví en uno de los quirófanos de aquí.*

-*¡Gracias, Magdalena! Podemos tutearnos, si quieres.*

-*De mi parte no hay ningún problema* (Mientras miraba atrás si había gente).

-(Pensando que no le sería cómodo hablar sabiendo que en cualquier momento podría entrar alguien) *Magdalena, si quieres, podemos pasar al despacho, si tienes que sentirte mejor.*

-(Asintiendo con la cabeza) *Sí, lo que le voy a decir no es corriente y prefiero un lugar retirado.*

-(Pasamos al despacho y nos sentamos) *Gracias por la confianza, Magdalena. No sé si te he forzado algo. A veces soy un poco pesado...*

-*No, Pere, también a mí me interesa saber, como cura, qué piensas. A mí, me operaron aquí, en urgencias, del corazón. Lo único que recuerdo es que viví que* (Alzando las manos) *me separaba del cuerpo* (Silencio, mientras observaba cómo reaccionaba yo)...

-(Inclinándome un poco hacia ella y mostrando interés) *Sigue, Magdalena.*

-*Sentí cómo me desprendía de mi cuerpo, que veía en la cama, mientras yo, en un estado de placer, entraba en un túnel y me sentía atraída por una luz que veía al final. Mientras hacía el camino me sentía muy bien. Vi, como en una película toda mi vida. Empecé a ver a personas conocidas, hasta que me encontré con mis padres. Mi padre me dijo: "¿Qué haces aquí, Magdalena? Tú todavía no puedes estar aquí. Tus manos están vacías. Todavía no ha llegado tu momento". Me entristecí porque me sentía muy bien y no quería volver atrás, pero mi padre insistió en que mis manos todavía no estaban llenas, y de repente sentí cómo entraba en mi cuerpo y me desperté. ¿Qué piensas, Pere?*

-*¡Magdalena, gracias! Se llaman "experiencias cercanas a la muerte". Se investiga sobre ellas. Para mí es una* bendición lo que has vivido.

-*También yo lo vivo así, algo especial que me ha sucedido. Me gusta que me creas y respetes.*

-*Te diré más,* (Sonriendo), *te tengo una sana envidia... Me has dicho antes que esta vivencia provocó en ti un cambio, y que te sientes muy bien cuando vienes aquí a orar.*

-*Sí, desde ese día puedo decir que vivo diferente a antes y no temo morir. Diferente, en el sentido que creo que debo hacer el bien. Doy importancia a las cosas que son importantes, he cambiado la jerarquía de valores. Y en cuanto a la muerte, no le tengo miedo, es una experiencia agradable.*

-*¡Qué bien, Magdalena! Una pregunta, cuando dices de la muerte que es una experiencia agradable, ¿quieres decir de liberación?*

-*Sí, exacto.*

-*Liberación, ¿en el sentido de que aquí tenemos una tarea que cumplir?*

-*Sí, lo que me dijo mi padre "todavía tienes las manos vacías". Tengo la tarea de llenarlas de cosas buenas. Por eso digo que ahora veo la vida desde otra perspectiva.*

-*También has dicho que, como si fuera una película, pasó por delante de ti toda tu vida.*

-*Sí, vosotros habláis de juicio, pero nadie me juzgó.*

-(Sonriendo) *Mira, Magdalena, lo que has vivido, es lo que creemos los cristianos: hay otra vida, somos responsables de ésta, y según cómo vivimos, llenamos nuestras manos o las mantenemos vacías. Y en lo referente a la luz que atrae, le decimos Dios. Hemos sido creados* por él y sólo él nos puede saciar. Y en cuanto al juicio de tu vida, pienso que es uno mismo quien se juzga en un estado de pleno conocimiento. Si uno ha amado y ha hecho el bien, caminará hacia la plenitud del amor, que es Dios, con las manos llenas de obras buenas; si se siente las manos vacías, porque ha tenido una vida oscura, de falsedad y de egoísmo, se dará cuenta que su destino era buscar la luz, la verdad, el amor…, y no la buscó en vida; esto le generará sufrimiento. No sé si me explico.

- Pues a mí es como si me hubieran dado una segunda oportunidad.

-¡Exacto! De hecho, lo vives así, has cambiado hacia bien. ¿No te sientes más feliz ahora?

-Sí, ahora mi vida tiene un sentido que me satisface. Antes iba a lo mío, a vivir que son dos días, y a Dios le había alejado de mi vida. Ahora puedo decir que amo la vida, porque es una oportunidad. No temo morir, ni tengo miedo a Dios, le quiero y escucho. Y soy feliz.

-¡Qué bien, Magdalena! Antes de despedirnos te diré que me encontré con un caso parecido al tuyo. Se trata de una persona que trabajaba aquí, y por tanto conoce al personal sanitario. Un día sufrió un accidente y también vivió en el quirófano el desprendimiento del cuerpo, y desde la distancia veía cómo el personal sanitario le atendía. De modo que, cuando volvió al cuerpo y se despertó, dijo uno por uno el nombre de quienes la habían atendido. Hoy en día se investiga y se estudian estas vivencias. Y ojalá aprendamos de ellas, como tú haces. Y no lo dudes, hemos sido creados para amar.

Amar es sentir y vivir la vida con plenitud. Ya aquí podemos probar la plenitud de amor que encontraremos en Dios. Gracias, una vez más Magdalena, he aprendido hablando contigo, no quiero quitarte más tiempo.

-(Mientras nos levantamos) *Gracias a ti, Pere, posiblemente nos volveremos a ver. Me ha hecho bien esa conversación.*

-*Así lo espero. Aquí siempre me encontrarás. ¡Ah! Y cuando reces, reza también para que los curas hagamos bien nuestro trabajo.*

MUERTE Y SOLEDAD

Me llamaron desde el control de enfermería preguntando si podría ir a la habitación P318 a dar una unción de enfermos. No había visitado nunca a este paciente. Me preparé y fui hacia allá.

Era mediodía. En el pasillo únicamente estaba una señora, muy nerviosa, hablando por teléfono que, cuando me vio –supongo que entendió que era el cura- interrumpiendo por un momento su conversación, me dijo señalando la habitación: "Vaya a hacer lo que tiene que hacer". Y siguió hablando.

Un tanto extrañado por ese encuentro, entré en la habitación, en la que había dos auxiliares jovencitas aseando a un paciente. Cuando me vieron, dijeron: "¡El capellán!", y huyeron como un relámpago.

Después entendí la huida. En el lecho no había un enfermo, sino un muerto, totalmente solo. Y las dos jovencitas aprovecharon para huir, supongo que porque era la primera vez que se encontraban en una situación como esta.

Me quedé totalmente solo, y tenía la sensación de estar viviendo una película de humor negro. Mientras le miraba, me decía a mí mismo: no sé quién eres, ni tu nombre, ni si querías recibir la unción; aquí solo hay soledad y miedo. La única compañía que podrías tener habla por teléfono, y las auxiliares todavía corren asustadas. Y tú -no sé cómo llamarte- y yo, aquí, totalmente solos.

Fue la unción de los enfermos más triste que he celebrado. Eso sí, con mucha fe, porque dentro de mí había una mezcla de enorme pena y compasión.

EL HOMBRE QUE NO QUERÍA MORIR

No debe ser fácil asumir en paz que uno ya termina su estancia en la tierra, es decir, que siente cercana la muerte.

Solía ir a visitar a un enfermo, y acabé por sentir miedo y no ir. Como capellán, sentía el deber de visitarlo, pero cada día se mostraba más agresivo conmigo, no sé si porque me relacionaba con el sacramento de la unción de los enfermos -sacramento que no le di nunca, ni me hubiera atrevido a hablarle de ello-, porque él no quería morir. Se trataba de un hombre de unos setenta años, muy activo y que siempre había sido muy religioso. En pocos meses, debido a un cáncer, había quedado sin poder moverse ni valerse por sí mismo. Conocía a la persona que le cuidaba y ella me pedía que fuera a verlo.

Recuerdo cómo el último día que fui a visitarlo, cuando me acerqué para saludarlo, con una mano me sujetó por el brazo y con la otra me agarró del cuello. En mi retina todavía queda guardada la rabia que había en sus ojos. También había perdido la palabra, y eso hacía que los gestos fueran más agresivos aun.

Cuento este caso porque me impactó ver hasta qué punto la muerte puede llegar a traumatizarnos. El miedo irracional puede condicionar nuestros últimos días, convirtiéndonos en las personas que nunca fuimos.

EL DESEO DE RECONCILIACIÓN CON EL HERMANO

Un día un señor de unos cincuenta años vino a la capilla y me dijo:

-¿Usted es el P. Pere Ribot?
-Sí, ¿en qué puedo servirle?
-Me gustaría hablar un momento con usted, (Lo veía tímido y algo nervioso). *Dígame cuándo y pasaré.*
-Ahora mismo, si quiere, entremos en el despacho. (Nos sentamos) *Si quieres nos tuteamos. Dime.*

-(Con voz temblorosa) *Usted, perdón, tú conoces a mi padre.* (Me dio todos los indicios y sí lo identifiqué).

-*Sí, ahora sé de quién me hablas, hace muchos años de eso que me cuentas. ¿Y me dices que tú eres hijo suyo? ¿También te llamas Bernat?*

-(Le veía más tranquilo) *Sí, me pusieron su nombre...* (Silencio, y con lágrimas en los ojos baja la cabeza).

-*Bernat, ¿tu padre está hospitalizado aquí?*

-*Sí, y está muy grave.*

-*Uy, lo siento mucho, Bernat. Si me dices la habitación y quieres, le iré a visitar.*

-*Sí, estará contento de verte, pero...* (Silencio y algo nervioso de nuevo) *Te quiero pedir un favor muy grande. Hace años, por cuestiones de herencia, mi padre y su hermano, a quien también conoces, discutieron. Hace veinte años que no se hablan. Ahora mi padre está a punto de morir, y me ha expresado varias veces que le gustaría reconciliarse con su hermano, el tío Tomeu. Yo no puedo decirle que su hermano está para morir y que le gustaría hablar con él y hacer las paces, porque las dos familias no sabemos una de la otra ni nos hablamos.* (Silencio) *Si tú, que también conoces al tío Tomeu, le pudieras hacer llegar esta información, te lo agradecería, porque sería la mejor alegría que podría dar a mi padre.* (Silencio y lágrimas) *Sólo así, sé que moriría tranquilo.*

-*Bernat, gracias por la confianza, me pondré en contacto con tu tío y espero que se avenga. Y ahora si quieres podemos ir a ver a tu padre.*

Después de una semana, Bernat vino al despacho, nuevamente, y ésta fue la conversación:

-¡Buenos días, Bernat! Dos días después de vernos fui a visitar a tu padre, y no os encontré.

-Sí, Pere, no estábamos allí. (Silencio y lágrimas) *Mi padre murió el día después de hablar contigo. Y vengo para preguntarte si hablaste con el tío Tomeu.*

-Sí, hablé con él, se medio molestó. Me dijo que ya había pasado demasiado tiempo y ya no había nada que hacer. Pero insistí, no se avenía a razones.

-Gracias, Pere. He venido a preguntarte porque ni siquiera fue al funeral, y tenía la duda de si se había enterado de que su hermano estaba grave y quería reconciliarse con él.

-Lo siento mucho, Bernat. Si yo estuviera en tu lugar, me sentiría tranquilo. Has hecho todo lo posible, y tu padre, desde el Cielo, ya lo sabe.

-Sí. (Apretando los puños) *Voy a rezar un poco en la capilla. Necesito calmarme. En ese momento sonó mi teléfono, y nos despedimos.*

Este caso nos demuestra que a la hora de morir necesitamos sentirnos reconciliados, tanto con los eventos como con las personas que han sido importantes en nuestra vida. Desde ese día me he preguntado muchas veces: ¿Cómo es posible que una persona a punto de morir quiera reconciliarse y se le niegue? ¿Es humano?

LA MONJA Y EL RITUAL PARA PROTAGONI-ZAR LA MUERTE

Desde la habitación O227, habían preguntado si el cura podría ir para dar la comunión. Entré. Era una señora de unos sesenta años. Nos presentamos y observé que sobre la mesa tenía el libro "Sabiduría de un pobre", de Éloi Leclerc. Tuvimos la siguiente conversación:

-*Parece que le gusta leer.* (Indicándole el libro).

-*Sí, siempre he leído, y ahora que estoy enferma, es lo único que puedo hacer cuando tengo humor.*

-*¿Y qué piensa de este libro?*

-*Me gusta mucho. Veo que San Francisco no ha pasado de moda, fue un hombre extraordinario.*

-*Sí, su sabiduría se fundamentó en la autenticidad y la sencillez evangélica, la de tener el interior pacificado, el corazón pacificador y la mirada limpia.*

-*Estoy aprendiendo mucho de su vida, de cómo se supo situar en su sociedad para transmitir el mensaje de paz y bien, y cómo supo asumir los límites y la vulnerabilidad. Me ayuda especialmente ahora que voy perdiendo salud.*

-*Esta es la planta de oncología. ¿Tiene cáncer?*

-*Sí, y estoy en fase terminal, me quedan meses de vida. Posiblemente en dos semanas iré a casa con atención do-miciliaria.*

-*¡Ohhhh! Si quieres pasaré a traerte la comunión mien-tras estés aquí. Aprendo de la gente que como tú tiene conciencia de su estado grave y lo vive con serenidad.*

109

-Soy una persona religiosa y creo que en estos momentos es cuando hemos de profundizar en la fe. Sin embargo, no siempre es fácil. También tengo momentos de desánimo y dudas.

-Eso significa que eres una persona buena y profunda. Profunda, porque te haces preguntas, sientes que hay momentos de oscuridad y de luz ... Y buena persona, porque los santos al final de su vida, también tuvieron crisis existenciales, desánimos y dudas. En la lectura de este libro sobre San Francisco, tendrás un buen ejemplo.

-Gracias, padre, siempre dando ánimo y ayudando a pensar.

-Gracias a ti, por abrir tu interior. Hasta mañana si Dios quiere.

Nos seguimos viendo un par de veces más. Ella seguía leyendo el libro y lo comentábamos.

Un buen día me dijo que ya había decidido ir a su casa, con atención domiciliaria, que no había nada más que hacer en el hospital, y prefería ir terminando, "hasta que Dios quiera" decía sonriendo, en su casa.

En una de las conversaciones que habíamos tenido, le había dicho que de San Francisco había aprendido que debemos protagonizar la propia muerte. Ante estas palabras, quedó algo sorprendida.

Le dije que, si quería, cuando ya se sintiera peor, me llamara, iría a su casa y prepararíamos, como hizo San Francisco, la despedida de sus seres queridos y de su comunidad. Haríamos una celebración en la que rezaríamos, recordaríamos su biografía, ella hablaría, también habría un turno de palabra para los asistentes, un momento de reconciliación y pedir perdón, recibir el sacramento de la unción, y acabar con un agradecimiento y oración.

Y así fue, al cabo de un mes me llamó para hacer dicha celebración, la cual fue muy vivida y resultó ser una gran lección para todos gracias a su fe y serenidad.

Después de unos días, no murió, mejor traspasó hacia el encuentro con el Dios Padre en el que siempre había confiado.

UN CASO DE FATALIDAD

Recuerdo el caso de un matrimonio extranjero que con su hija, de veinte años, vinieron a Mallorca. Era el primer día de sus vacaciones. Al llegar a la playa, la madre y su hija decidieron practicar parasailing (parapente acuático), con tan mala suerte que, una vez en altura, se soltó la soga que les sujetaba a la barca, quedando a la deriva y a merced del viento, el cual les arrastró hacia el paseo marítimo, donde la soga se enredó con una palmera. Ambas cayeron bruscamente al suelo. Como consecuencia del accidente, la madre quedó en coma y la hija parapléjica. Mientras, el esposo grababa en video los acontecimientos.

Fue un caso dramático. El esposo no hablaba español y estaba en shock. Hice de intermediario entre él y los médicos. Nada se pudo hacer para salvar a la esposa. Darle la mala noticia no fue fácil, y además, como me habían pedido los médicos, debía solicitarle la posible donación de órganos. Fueron momentos muy difíciles, cuestión de ir despacio y con mucha delicadeza y empatía. Al final, entre lágrimas, accedió.

Le acompañé al hotel para elegir el vestido que debían poner a su esposa, Lucinda, que yo, al día siguiente llevaría al tanatorio para vestirla. Mientras, él iría a su país para recibir su cuerpo en el aeropuerto.

Entre tanto, en el hospital, la hija me preguntaba cómo estaba su madre, que ya había fallecido. Cuando lo recuerdo, todavía me afecta.

Al final vino otra hija y se llevó a su hermana en sillas de ruedas a su país.

Viviendo estas situaciones, tan desagradables, queda la sensación de que por mucho que uno haga no se puede paliar el sufrimiento. Se generan muchas preguntas, y uno se siente impotente e incapaz de ponerse en el lugar de quienes lo viven.

HE APRENDIDO

Pienso que en el trabajo de capellán de hospital, aun sabiendo que lo más importante es el servicio religioso, también se debe ofrecer un apoyo emocional y psicológico, para el que debe haber una preparación previa.

Acompañar a los enfermos, especialmente en sus últimos momentos, no es fácil; tampoco lo es brindar apoyo a sus familiares durante ese tiempo y después del fallecimiento.

La empatía es una habilidad social fundamental, especialmente cuando se trata de estar cerca de las personas con enfermedades graves. Encontrar el límite entre empatía e implicación emocional puede resultar realmente difícil. Debe procurarse mantener un equilibrio entre la cercanía que podemos sentir hacia los pacientes y la distancia necesaria que conviene mantener para no dejarse arrastrar por las situaciones más duras. Sin embargo, nunca debemos perder la capacidad de tener siempre un trato humano y cercano.

Aunque la variabilidad de reacciones psicológicas es muy grande, ya que depende de las características de cada paciente y de sus circunstancias- su carácter, su historia personal, el tipo de enfermedad que padece, si es consecuencia de un accidente, después de larga enfermedad, inesperada, la edad, etc.- existen unos patrones de respuesta comunes fácilmente identificables. Son los siguientes: negación, ansiedad, tristeza, ira, rabia, resentimiento y frustración. El problema aparece cuando el paciente no puede superar estas sensaciones desagradables y no consigue la adaptación y aceptación necesarias para permitir el progreso.

He aprendido la necesidad del acompañamiento espiritual, ya que la vivencia de una enfermedad pone en situación de crisis a la persona y su entorno más cercano. En esos momentos, afloran preguntas existenciales sobre el sentido de la vida, el sufrimiento y la muerte.

Es necesario acompañar tanto al enfermo como a su familia, ayudándoles a reconstruir un sentido vital que les permita afrontar la enfermedad con fortaleza. Para el paciente, esto implica encontrar significado en su experiencia; para los familiares, en el acto de cuidar y acompañar.

La espiritualidad habla de sentido de vida, de valores, de conexión con los demás, de una realidad que nos trasciende, y nos ayuda a forjar una perspectiva diferente ante lo que ocurre.

Todos buscamos respuestas a los grandes interrogantes de la vida, y más aun ante la enfermedad y el sufrimiento: nos preguntamos por qué nos sucede esto, por qué a nosotros, por qué ahora... y otras muchas cuestiones. Según cómo las respondamos forjaremos las actitudes con las que afrontaremos estas situaciones.

Cada persona elige con libertad el camino de construcción de respuestas existenciales: bien en una religión o bien en una vivencia espiritual que prescinde de ella.

Debido a la pluralidad de orígenes, tradiciones culturales y religiones dentro de nuestro mundo globalizado, debe darse una respuesta acorde con la singularidad de cada persona.

Ayuda tener en cuenta lo siguiente:

- Uno puede no sentirse en condiciones de afrontar la realidad de un diagnóstico. Expresar el propio miedo es difícil, y asumirlo, aún más.

- Es importante expresar el miedo: si no se verbaliza, puede transformarse en agresividad hacia el entorno.

- Acompañar al enfermo implica también hacerlo desde el propio miedo. Sólo quien ha aprendido a enfrentar sus temores puede realmente ayudar a otro a superar los suyos.

- El miedo crece cuando falta humanidad en el entorno hospitalario, y la situación se vuelve insostenible cuando el enfermo se siente marginado.

- El enfermo, en su fragilidad, desarrolla una hiper-sensibilidad y necesita una presencia auténtica, no meramente funcional.

- Acompañar no consiste en negar la realidad, sino en estar presente con sinceridad y compasión.

- Acompañar es también conquistar su confianza, y a través de esa relación permitir que el enfermo pueda asumir su situación con mayor serenidad.

Acompañar a una persona gravemente enferma o en proceso de morir no consiste solo en aliviar su dolor físico, sino también en estar presente con empatía, respeto y humanidad. Es un acto profundamente humano que implica acoger el sufrimiento, sostener el silencio, y ofrecer consuelo tanto a quien parte como a quienes se quedan. En ese acompañamiento, el cuidado espiritual cobra un valor esencial: ayuda a dar sentido, a encontrar paz y a vivir ese momento con dignidad. Cuando el entorno cercano se siente escuchado y acompañado, el dolor se transforma en una experiencia compartida, más llevadera y más humana. Acompañar bien es, en el fondo, una forma de amar hasta el final.

LA HERMANA MUERTE

Realmente San Francisco era original. Mirad: el día que un hermano- posiblemente fray Elías- comunicó a Francisco que su enfermedad era incurable y su muerte inminente, el Santo, en vez de entristecerse o quejarse, hizo algo inesperado: pidió a dos hermanos que le cantasen el Cántico que él mismo había compuesto tiempo atrás. Cuando terminaron, les sorprendió añadiendo los siguientes versos:

"Alabado seas, Señor,

por nuestra hermana muerte corporal,

de la que ningún hombre viviente puede escapar.

¡Ay de aquellos que mueren en pecado mortal!

Bienaventurados aquellos a los que encontrará cumpliendo tu santísima voluntad,

puesto que la muerte segunda

no les hará ningún mal".

Llamar "hermana" a la muerte ya dice mucho. Pero es que incluso antes, cuando él mismo pidió al médico que no le ocultara la verdad y este le dijo que iba a morir pronto, Francisco no se alteró. Simplemente saludó a la muerte con un "bienvenida seas".

FRANCISCO QUISO PROTAGONIZAR SU MORIR

Francisco no vivió la muerte como una fatalidad inevitable. Quiso afrontarla conscientemente y por eso pidió que le informaran con la verdad sobre su estado de salud. Cuando supo que el final se acercaba, transformó ese hecho en una alabanza divina.

Para comprender mejor una de las últimas estrofas del Cántico de las Criaturas, basta con observar cómo vivió sus últimos días, cómo fue preparándose, con serenidad y fe, para la muerte.

Mientras aún se encontraba en el palacio episcopal de Asís, y a pesar del dolor y las múltiples enfermedades que sufría, Francisco solía pedir a sus hermanos que durante el día cantaran las alabanzas al Señor que él había compuesto tiempo atrás, durante una de sus enfermedades. Incluso por la noche les pedía que cantaran, no solo para consolar su espíritu, sino también para edificar a quienes montaban guardia alrededor del palacio.

A muchos les sorprendía aquella alegría en una situación tan dolorosa. El hermano Elías llegó incluso a reprochárselo: le dijo que, estando tan cerca de la muerte, sería más apropiado pensar en ella con recogimiento. Francisco le respondió con firmeza: llevaba mucho tiempo pensando en la muerte, y precisamente por eso se alegraba, porque nunca antes se había sentido tan cerca de Dios, el Altísimo.

Consciente de que su estado empeoraba día a día, pidió que lo llevaran en camilla desde el palacio episcopal hasta la pequeña iglesia de Santa María de La Porciúncula, a unos dos kilómetros de Asís. Durante el trayecto, al pasar junto al leprosario, pidió que detuvieran la camilla y la colocaran en el suelo. Quería mirar una vez más la ciudad. Se incorporó ligeramente y, desde el corazón, bendijo a Asís y a todos sus habitantes, incluso a aquellos que, durante su vida, no siempre lo habían entendido o apoyado.

Los últimos versículos del Cántico resumen su enseñanza sobre cómo vivir la enfermedad y cómo prepararse para la muerte. Lo más llamativo de su actitud fue la unión de alegría y fortaleza. Alegría, porque sentía que estaba por alcanzar el anhelo de infinito que lo había impulsado desde joven -y que al principio buscó por caminos equivocados- hasta comprender que solo el Infinito, el Trascendente, el Altísimo, podía colmar ese deseo. Fortaleza, porque se sentía profundamente unido a Cristo en su cruz redentora. Alegría y fortaleza porque sentía cerca la plenitud y la felicidad eternas. Vistas así, la enfermedad y la muerte dejan de ser una tragedia para convertirse en una alabanza a Dios.

Una noche, tras muchas horas de insomnio y dolor, llamó a sus hermanos. Los miró uno a uno, les habló del amor a Dios, les pidió perdón y, a su vez, les perdonó todas las ofensas. Después, los bendijo.

Francisco era un hombre de gestos. Prefería hablar con acciones más que con palabras, o, mejor dicho, daba cuerpo a sus palabras por medio de gestos. Como Jesús en la Última Cena, pidió que le llevaran algunos panes, y los repartió entre sus hermanos como señal de su amor por ellos.

Los pocos días que le quedaban los dedicó por completo a la alabanza. Invitaba a sus hermanos a unirse a él en el canto, porque Cristo, con su muerte y resurrección, nos había traído la salvación. Invitaba también a todas las criaturas a alabar a Dios, tal como había hecho en su Cántico. Incluso a la misma muerte, que a todos espanta, la invitaba con gozo a alojarse en su casa.

Desde su lecho de muerte, Francisco dejó un regalo espiritual al mundo entero. No se olvidó de su querida amiga Clara. Al enterarse de que estaba triste y desconsolada por su inminente partida, le envió un mensaje a ella y a sus hermanas, animándolas a seguir el camino que habían emprendido juntas.

Tampoco se olvidó de Jacoba de Settesoli, noble romana, gran amiga y benefactora. Temiendo que le doliera enterarse tarde de su muerte, y no por él mismo, le escribió avisándole de que su fin se acercaba, y le pidió que le llevara lo necesario para su sepultura. No olvidó tampoco pedirle aquellos dulces que ella solía prepararle. Así fue Francisco hasta el final: sensible, atento, agradecido y lleno de amor.

FIEL AL SEGUIMIENTO DE CRISTO

Siguiendo una antigua costumbre monástica reservada a los moribundos del claustro, Francisco pidió a sus hermanos que, cuando llegara el momento de su muerte, lo colocaran desnudo sobre la tierra. Quería que, *"aquellas horas últimas, en las que el enemigo podía todavía desahogar sus iras, pudiera luchar desnudo con el desnudo"*.

Este gesto remite a un tema muy presente en la espiritualidad medieval: los vestidos simbolizaban los lazos del alma con el mundo, y despojarse de ellos era un signo profundo de libertad interior y de total entrega a Dios. En este contexto, los diversos gestos de Francisco a lo largo de su vida cobran pleno sentido: eran expresiones concretas de su deseo de estar libre de toda atadura, disponible solo para el Señor.

La desnudez de Francisco en su lecho de muerte tenía un doble significado. Por un lado, era unirse plenamente al anonadamiento de Cristo en la cruz, como signo de total disponibilidad al designio de Dios. Por otro, era la confirmación de su fidelidad hasta el final, de su deseo de morir tal como había vivido: entregado por entero al Padre.

En sus últimas palabras, se despidió con humildad y confianza. Dijo a sus hermanos: *"He terminado mi tarea. Cristo os enseñe la vuestra"*. Habló largamente sobre la paciencia y la vida en pobreza, y les recomendó, por encima de todas las demás disposiciones, el santo Evangelio.

Después, extendiendo la mano derecha sobre los hermanos, les bendijo: *"Conservaos, hijos todos, en el temor del Señor y quedaos siempre en Él. Y cuando se acerquen la prueba y la tribulación, felices quienes perseveren en la obra emprendida. Yo ya me voy a Dios, a su gracia os encomiendo a todos"*.

CONSCIENTE DE LA "SEGUNDA MUERTE"

De todo lo vivido en sus últimos días se desprende que Francisco afrontó la muerte con plena conciencia y con un profundo realismo cristiano. Tan unido estaba a Cristo, que quiso revivir sus misterios antes del momento final. No solo aceptó la muerte: la recibió con gozo, y llegó incluso a cantarla.

Sus gestos simbólicos -en particular, la imitación de la Última Cena- revelan hasta qué punto se sentía íntimamente unido a la muerte redentora de Cristo. Por eso aceptaba la suya no como un final trágico, sino como un don recibido con alegría de las manos de Dios, el Altísimo. No se limitó a ver la muerte como un fenómeno biológico, sino que la elevó al nivel de misterio de salvación: la interpretó a la luz de Cristo y la vivió como un auténtico paso pascual, de esta vida a la Vida definitiva.

Salió al encuentro de la muerte con alegría y esperanza. Su gozo no venía de una negación del sufrimiento, sino de estar iluminado por la muerte y glorificación de Cristo. Así, moría con la mirada puesta, no tanto en el umbral temible que debía cruzar, como en la meta luminosa del encuentro con Dios.

Al mismo tiempo, era muy consciente del riesgo de morir enemistado con Dios. Tenía claro que el único temor legítimo era el de la "segunda muerte", la que separa para siempre del Creador. En una experiencia mística había recibido la certeza de su salvación, lo cual orientaba todas sus energías hacia ese deseado encuentro con el Altísimo. Sin embargo, no dejó de sentirse frágil y pecador hasta el último momento. Por eso tomó todas las precauciones posibles para mantenerse firme y vigilante frente al mal.

Por tanto, si Francisco llamó "hermana" a la muerte, no fue porque ignorara su gravedad o la idealizara ingenuamente. La reconocía como un hecho inevitable, serio, incluso temible. Pero, para él, que había buscado vivir siempre en la voluntad de Dios, la muerte se había convertido en una amiga fiel, la que finalmente le abriría el paso a la luz que durante toda su vida había buscado sin descanso.

DURANTE VEINTE AÑOS SE PREPARÓ PARA PASAR POR LA "PUERTA DE LA VIDA"

Estas actitudes de Francisco son fruto de un esfuerzo constante y diario a lo largo de veinte años, desde su conversión. Durante ese tiempo buscó, con sinceridad y pasión, conocer y cumplir la voluntad de Dios, y darlo a conocer como Padre lleno de bondad. Por eso, cuando llegaron los momentos de mayor sufrimiento físico en las más dolorosas enfermedades, ya estaba interiormente dispuesto y totalmente abierto a que en él se cumpliera el querer divino. Ofreció su cuerpo enfermo en un acto continuo de alabanza.

Sin duda, su relación con la vulnerabilidad y la finitud de la existencia humana fue profundamente original. Su forma de mirar la muerte y afrontarla con tanta claridad solo puede entenderse a la luz de la invitación evangélica: *"Conviértete y vivirás"*. Para Francisco, vivir significaba morir al egoísmo y entregarse al bien, como camino para acceder a la vida nueva en Cristo.

Tenía muy asumido que la muerte es el término natural de la existencia, pero también que su desenlace no es indiferente: el ser humano puede ser rechazado por Dios

-lo que le causaba terror- o aceptado por Él. Esta certeza no lo paralizaba, sino que lo impulsaba a vivir con alegría, haciendo el bien y saboreando anticipadamente la felicidad de ese esperado encuentro. Por eso, exhortaba a todos a cumplir su misión de dar gloria a Dios a través del bien obrado hasta el último día.

"Porque para aquellos que perseveren en el camino de la conversión, dando frutos dignos de penitencia y guardándose de la malicia y el engaño del maligno, la muerte no les hará ningún daño".

Para Francisco, la muerte y la vida no eran simplemente el resultado de un destino inevitable, sino el fruto de una elección personal. En ese camino de conversión hacia la vida, sabía que no podía uno dejarse engañar ni seducir por el mal. Y la alegría con la que él acogió la muerte venía precisamente de haber reconocido en ella la oportunidad de responder al amor con que Cristo dio su vida por todos.

Habiendo sido fiel a su decisión de seguir a Cristo, y sintiéndose plenamente libre, sin ataduras a este mundo, recibió la muerte cantando. Porque, al escuchar la llamada de Dios, podía responder con libertad y amor a Dios que le llamaba. La muerte era, para él, la puerta hacia la vida, aunque tan unido se sentía ya al Señor, que le era indiferente vivir o morir.

Fue tan consciente de la importancia de ese momento final, que lo vivió como una auténtica liturgia: una celebración de su plena conformidad con Cristo. *"Hasta que, cumplidos en él todos los misterios del Señor, voló felizmente hacia Dios"*.

Así llegó al término del camino que había comenzado veinte años antes, orientado siempre hacia Dios, el Altísimo. La muerte, a la que llamó hermana, era ahora la que le abría el acceso a ver a Dios cara a cara. No era un final, sino un nacimiento: el ingreso en la plenitud de la vida en Él.

Para Francisco, el verdadero drama de la muerte no consistía en dejar este mundo, sino en el riesgo de quedar separado de Dios. Por eso dedicó su vida a despertar las conciencias, para que comprendieran que el drama de la muerte solo puede ser transformado por una vida en conversión.

Entonces, la tristeza se convierte en dulzura, y la muerte deja de ser el muro de un destino implacable, para convertirse en el nacimiento a un mundo nuevo, el *dies natalis*, el día del verdadero nacimiento.

Francisco sentía acercarse la alegría de la mañana de Pascua. Mientras su cuerpo consumía las últimas brasas de lo caduco y pasajero, comenzaba a arder en su interior el resplandor de lo eterno y definitivo.

PARA TERMINAR

Francisco, al confraternizar incluso con la enfermedad y con la muerte, rompió todos los moldes convencionales. Su ejemplo ante estas realidades ofrece una fuente rica de enseñanzas para quienes deseen vivir con plenitud hasta el último instante.

No se trata de enseñanzas transmitidas como lo haría un maestro a sus discípulos desde la distancia de la teoría. Nos movemos aquí en el terreno de una pedagogía vivida: una enseñanza que brota de la experiencia, del testimonio, del arte de comunicar lo más profundo del alma a través de gestos, actitudes y decisiones concretas. Es una sabiduría que nace del corazón y toca el corazón.

De su vida y su muerte, extraigo las siguientes conclusiones:

- Hoy en día, aunque hablamos con cierta naturalidad de una "muerte dulce", lo cierto es que en nuestra sociedad la muerte se silencia, se esconde o se maquilla. Tanto a nivel individual como colectivo, evitamos mirarla de frente. Quienes se atreven a hablar abiertamente de ella, con frecuencia son tildados de morbosos o de mal gusto.

- A menudo se priva al enfermo de la verdad sobre su estado, como si no fuera capaz de afrontarla o no tuviera derecho a hacerlo. Pero ¿no es acaso una forma de despojarlo de su dignidad? No resulta ético, ni humano, impedir a alguien morir con conciencia, ni reducir la muerte a un simple fenómeno biológico. En muchos casos se considera incluso un derecho del paciente el no saber que va a morir, o actuar como si no lo supiera. Yo defiendo, por el contrario, el derecho a conocer la verdad y a decidir cómo vivir ese momento decisivo.

- Las actitudes ante la muerte han sido siempre diversas: hay quienes la rechazan, quienes la ignoran, y quienes la abrazan con serenidad. Todo depende del valor que se le dé a la vida y al sentido último de la existencia. Platón enseñaba que la vida debía orientarse al aprendizaje de la propia muerte. Spinoza -hacia el que personalmente me inclino más- proponía lo contrario: meditar sobre la vida para descubrir el sentido de la muerte. Ambas perspectivas, bien entendidas, se complementan y nos conducen a una misma sabiduría: solo cuando asumimos nuestra finitud, vivimos con profundidad.

- Hoy, sin embargo, reflexionar sobre la propia vulnerabilidad parece casi un tabú. Pero sería sano y necesario facilitarnos -y facilitar a otros- espacios para pensar y hablar sobre ello. Conocer la cercanía de la muerte y saber aceptarla con firmeza es una expresión de madurez espiritual. Significa otorgar al tramo final de la vida su verdadero sentido, abrirse al misterio, y, si se tiene fe, confiar en las manos del Dios-Padre.

- Una ayuda esencial en este proceso es acompañar al enfermo sin infantilizarlo, respetando su dignidad, ofreciéndole la posibilidad de comunicarse y de ser escuchado.

- Visitar a los enfermos es más que un deber cristiano: es un gesto profundamente humano. Francisco lo vivió así: alternó el silencio con el canto, la soledad con la fraternidad. Y hasta el último momento tuvo gestos de generosidad y de amor.

- Toda persona debería tener la oportunidad, en sus últimos días, de hacer balance, de compartir lo vivido, de dejar un mensaje, una bendición, una palabra. Qué hermoso sería recuperar gestos tan sencillos y profundos como trazar la señal de la cruz en la frente de un hijo, o susurrar una palabra de aliento a quienes permanecen cerca.

- El *ars moriendi* cristiano -y Francisco lo comprendió a fondo- consiste en conformarse a Cristo, en asumir con serenidad y confianza el paso de esta vida a la Vida. Morir se convierte así en oración, en entrega, en acto de amor a Dios. Es el momento de dejarse abrazar por el Infinito que tanto hemos buscado y nunca del todo alcanzado.

- Porque, al fin y al cabo, un mundo sin muerte no sería un mundo esperanzado, sino un mundo incompleto, sin horizonte. Si borramos la muerte, también vaciamos la vida de su profundidad última. La muerte no es solo el final inevitable, es también el umbral hacia lo eterno. Vivir hasta el final, con conciencia, es lo que da pleno sentido a nuestro existir.

- Por eso no creo que debamos ver la muerte como un simple desaparecer. No es solo dejar de existir: es, para quien cree y para quien ama, el paso definitivo hacia el abrazo de la plenitud.

Y para concluir, creo que no debemos considerar los hechos de nacer, vivir y morir como etapas separadas. Me ayuda a comprenderlo así el ver la vida como un don gratuito. Por eso, solo entregándonos gratuitamente -como hizo Francisco- logramos dar verdadero sentido al comienzo, al trayecto y al destino final.

En cuanto a ese destino, me sostiene meditar las palabras que Jesús dirigió a sus amigos durante la Última Cena, al despedirse de ellos: *"No se turbe vuestro corazón. Creéis en Dios, creed también en mí. En la casa de mi Padre hay muchas estancias; si no, os lo habría dicho; voy a prepararos un lugar. Y cuando haya ido y os haya preparado un lugar, volveré y os tomaré conmigo, para que donde esté yo estéis también vosotros. Y adonde yo voy sabéis el camino."* (Jn 14, 1-4).

BIBLIOGRAFÍA

La mayor parte de este trabajo nace de mi propia reflexión, experiencia y búsqueda personal sobre el tema de la muerte. Sin embargo, para tratar con respeto y precisión la forma en que distintas culturas y religiones entienden la muerte, y también para profundizar en la figura de San Francisco de Asís, he recurrido a algunas fuentes que me han ayudado a enriquecer y fundamentar ciertos apartados. Agradezco el aporte de estos textos, que han complementado mi mirada con perspectivas valiosas.

Malinowski, Bronislaw.

Magia, ciencia y religión y otros ensayos.

Buenos Aires: Editorial Planeta-Agostini, 1993.

Taylor, John H. (ed.)

Muerte y más allá en el mundo antiguo: Egipto, Mesopotamia, Grecia y Roma.

Barcelona: Ediciones Destino, 2016.

Katherine K. Young y Christopher Chapple (eds.). *Muerte y agonía en las religiones del mundo.*
Londres: Bloomsbury Academic, 2009.

McIntosh, Matthew.

Rescoldos de la Eternidad: Muerte y Mortalidad en el Mundo Mesoamericano.

Albuquerque: University of New Mexico Press, 2015.

Esilaba, Osore.

"Los muertos nunca mueren: Una perspectiva religiosa tradicional africana".

En: *Muerte y agonía en el mundo: Una enciclopedia cultural*, volumen 1, edición de Frank E. Eyetsemitan.

Santa Bárbara, California: ABC-CLIO, 2020.

Aries, Philippe.

Historia de la muerte en Occidente: De la Edad Media a la actualidad.

Barcelona: Editorial Taurus, 2000. (Edición original francesa: *L'Homme devant la mort*, París: Seuil, 1977).

Tomás de Celano

Primera vida de San Francisco de Asís

Edición crítica y traducción de Manuel Barrios, Editorial BAC ("Biblioteca de Autores Cristianos"), Madrid, 2002.

Francisco Martínez Fresneda

Francisco de Asís y la salvación

Oñate (Guipúzcoa): Ediciones Franciscanas Arantzazu, 2019.